MESADA

NÃO É SÓ DINHEIRO

REINALDO DOMINGOS

MESADA
NÃO É SÓ DINHEIRO

CONHEÇA OS **8** TIPOS
E CONSTRUA UM **NOVO FUTURO**

APRESENTAÇÃO

FLORIDA CHRISTIAN UNIVERSITY

Este livro representa uma ampla investigação científica, como resultado dos estudos de mestrado e doutorado, desenvolvidos na *Florida Christian University*, em Orlando, na Flórida.

Fundada em 1985, a *Florida Christian University* é uma instituição de alcance global de ensino superior para estudantes que procuram integrar seus estudos profissionais com fundamentação e ética cristãs. O objetivo dessa instituição é oferecer alta qualidade no programa de ensino superior para promover o conhecimento acadêmico e contribuir para o desenvolvimento profissional e pessoal de cada aluno.

A *Florida Christian University* tem sido reconhecida com a certificação ouro (a mais alta possível), pela *Florida Council of Private Colleges* e pelo *Council of Private Colleges of America*, agências que representam faculdades, universidades e seus respectivos membros perante o governo e a agência educacional americana.

Esta obra representa o esforço e a dedicação do aluno Reinaldo Domingos, que embasou sua tese em práticas vivenciais, o que possibilitou a criação de uma metodologia comportamental de educação financeira, a **Metodologia DSOP**, que embasa o conteúdo do livro *Mesada não é só dinheiro*, tendo a mim como orientador.

Reinaldo Domingos cursou e foi aprovado conforme os requisitos do programa *Master of Sciences in Business Administration* da *Florida Christian University* e deseja, com esta obra, socializar seu aprendizado e suas conquistas.

A *Florida Christian University* espera, com mais essa iniciativa, oferecer às famílias, aos estudantes, aos profissionais, aos gestores e aos técnicos uma ferramenta que contribua para a educação continuada. Com base nesses conhecimentos, agregados às suas práticas, se intenciona contribuir com a especialização, atualização e aperfeiçoamento desse campo.

Prof. Anthony Portigliatti,
Ph.D. é presidente e chanceler da Florida Christian University

DEDICATÓRIA

GRATIDÃO!

É com essa palavra que quero começar a dedicatória, como uma forma de expressar o meu sentimento por você, leitor. Ao compartilhar o que aprendi, em toda uma vida dedicada à disseminação da educação financeira, afirmo que juntos podemos ensinar esse importante conteúdo a todos que encontramos pelo caminho.

Por conta do momento atual vivido no mundo, em que boa parte da população vive de incertezas e ausências de propósitos, acredito fielmente na possibilidade de mudança no modelo mental do comportamento de como educar e reeducar financeiramente nossas crianças e jovens. Para alcançar com sucesso esse projeto, comecemos fortalecendo a célula mais importante: a FAMÍLIA. Com esse novo aprendizado, ela se tornará uma multiplicadora e passará adiante, a todos que cruzarem seu caminho, os conhecimentos adquiridos nesta abençoada obra.

Dedico o livro *Mesada não é só dinheiro* a todas as pessoas, responsáveis por seus ideais, na conquista de seus sonhos. Em especial, aquelas que têm a responsabilidade de orientar uma criança ou um jovem na construção da própria história de vida. Acredito que temos o poder de mudar nossos destinos, deixar um legado, construindo um futuro melhor para as próximas gerações.

Vamos lá, mais aprende quem tem o dom de ensinar, este é o verdadeiro valor de ser feliz.

Reinaldo Domingos

AGRADECIMENTOS

CONCLUIR UMA DIFÍCIL TAREFA É UM MOMENTO SUBLIME E ÚNICO NA VIDA DAS PESSOAS. GERALMENTE, ESSE SENTIMENTO DE VITÓRIA VEM JUNTO COM AQUELA SENSAÇÃO DE AGRADECIMENTO, ISSO PORQUE NUNCA CONSTRUÍMOS ALGO SOZINHOS. AO REALIZAR UM GRANDE FEITO, PARE, OLHE AO SEU REDOR E PERCEBA A QUANTIDADE DE PESSOAS QUE O AJUDARAM.

Comigo não foi diferente! Em *Mesada não é só dinheiro*, precisei de muita ajuda nesses dois anos de estudos e pesquisas, sendo esta obra uma parte do meu trabalho de mestrado e doutorado pela *Florida Christian University*. Neste livro, revivi momentos importantes da minha vida, como quando voltei aos meus 7 anos e construía pipas para vender aos amigos, ou como quando meus tios e avós me presenteavam com algumas moedas e, desde cedo, eu já fazia um uso mais sustentável desse valor.

Difícil agradecer a essa ou àquela pessoa, já que teria que agradecer a todos aqueles que fizeram parte da minha historia desde criancinha, portanto amigos, não vou registrar aqui os protagonistas e cometer o erro de esquecer algum nome. Agradecerei a Deus, em primeiro lugar, aos meus amigos, aos meus irmãos de fé, aos meus parentes, à minha família que me apoia, mesmo nas minhas ausências, e até às pessoas que disseram "não" aos meus projetos e, de forma positiva, influenciaram também os ensinamentos que levaram à realização desta obra.

Para que pudesse materializar o *Mesada não é só dinheiro*, tive a importante contribuição da minha amiga pedagoga, Ana Rosa Vilches e da redatora Maíra Viana, às quais teço meus agradecimentos especiais. Deste momento em diante, convido você a desfrutar desse aprendizado e passo à você o bastão do conhecimento, para juntos, ajudarmos milhões de famílias, inserindo em suas vidas a benção da educação financeira familiar, assim, elas terão mais ferramentas para educar nossas joias mais preciosas que são nossas crianças e jovens e ajudar a construir uma nova geração de pessoas mais saudáveis e sustentáveis financeiramente.

Obrigado por fazerem parte deste legado para a humanidade!

Reinaldo Domingos

SUMÁRIO

INTRODUÇÃO

MESADA NÃO É SÓ DINHEIRO

ESTA OBRA É DESTINADA A TODOS AQUELES QUE ESTÃO À PROCURA DE ORIENTAÇÕES SOBRE UM TEMA POUCO DISCUTIDO E ESTUDADO NO BRASIL: O DESPERTAR PARA UMA CONSCIÊNCIA FINANCEIRA NA VIDA DE CRIANÇAS E DE JOVENS, COM BASE NA ESTRUTURAÇÃO DO SISTEMA DE MESADA. SE VOCÊ ACHA QUE NÃO DÁ MESADA AOS SEUS FILHOS, ESTÁ MUITO ENGANADO. TODA CRIANÇA, A PARTIR DOS TRÊS ANOS DE IDADE, COMEÇA A TER CONTATO COM ALGUMA QUANTIA EM DINHEIRO. ESSAS ENTREGAS VOLUNTÁRIAS, VINDAS GERALMENTE DOS PAIS E FAMILIARES, JÁ SÃO UMA FORMA DE MESADA, PORÉM, NÃO SISTEMATIZADA.

Esse contato com o papel-moeda na infância pode ocorrer de forma direta ou indireta. Ocorre de forma indireta quando a criança vê seus pais comprando ou vendendo coisas; e de forma direta quando ela passa a ter algum dinheiro para comprar o lanche na escola ou as figurinhas para completar um álbum, por exemplo. Como o dinheiro, no mundo adulto, é a base de todas as ações econômicas, o conhecimento do seu significado é um pré-requisito fundamental para o entendimento de outros conceitos, como o de crédito e o de lucro, que logo farão parte da vida dos pequenos. Desse modo, o manuseio do dinheiro pode auxiliar na compreensão sobre os demais conceitos econômicos.

Este livro propõe responder muitas questões que os pais e os responsáveis têm no momento da implementação da mesada. Essas questões serão respondidas com base na educação financeira, disciplina transversal, relativamente recente no contexto escolar.

Para muitas pessoas, falar de administração do dinheiro significa meramente fazer uso de planilhas e cálculos matemáticos complexos. No entanto, o verdadeiro conceito de educação financeira vai muito além. Trata-se do comportamento do ser humano, ou seja, de hábitos e costumes construídos ao longo da vida, o que indica que estamos lidando com uma ciência humana – e não exata, como muitos podem pensar.

Como educador, terapeuta financeiro e estudioso do comportamento humano em relação aos recursos econômicos e financeiros, afirmo que qualquer dinheiro dado à criança ou ao adolescente constitui um meio para realizar seus desejos de consumo ou não. O mesmo ocorre no mundo dos adultos. O salário proveniente do trabalho é também um meio para a realização de projetos de vida.

Por isso, defendo a ideia de que as pessoas devem aprender a lidar com esse recurso chamado dinheiro logo na primeira infância. É nessa época, quando os pequenos ainda não estão alfabetizados, que a educação financeira deve ser introduzida no universo infantil. Isso deve ser feito por meio de ensinamentos que abordem o comportamento da criança e que trabalhem a formação de seus hábitos e costumes, de acordo com os exemplos que recebem dos pais, familiares e professores.

No entanto, como a maioria dos adultos de hoje não teve uma formação com base nas premissas da educação financeira, resolvi preparar de forma estruturada um livro que descrevesse pedagogicamente como ensinar a criança ou o jovem a administrar e respeitar o dinheiro que passa por suas mãos, que tradicionalmente chamamos de mesada.

As informações transmitidas neste livro passam não só pelo aspecto financeiro, mas também pelo viés do empreendedorismo social, ecológico, solidário, entre outras formas de relacionar o dinheiro com a realidade de forma proveitosa para todos.

É importante perceber que a entrega mensal, semanal ou diária de um valor em dinheiro para os mais novos não é a única forma de instituir a mesada na vida das crianças. Se você tem dúvidas sobre o momento de iniciar esse processo com seus filhos, sobrinhos e netos – sejam eles crianças ou jovens em formação –, bem-vindo. Você está com o livro certo nas mãos!

No decorrer destas páginas, vamos analisar as seguintes questões.

→ Será que a mesada é um instrumento adequado para a educação financeira de crianças e de adolescentes?

Qual é a idade recomendável para iniciar a mesada?

Qual é o valor ideal a ser estabelecido como mesada?

Estamos falando em dar um "salário" à criança ou premiando-a por bom comportamento?

É certo fazer do dinheiro uma moeda de troca para boas notas escolares?

E se a família não tiver condições financeiras para entregar um valor mensal à criança?

Como definir uma mesada na vida dos filhos quando os pais não têm dinheiro para nada?

São muitas perguntas, e naturalmente você deve estar curioso pelas respostas. Vamos com calma, a cada página você despertará para novas formas de compreender o que realmente engloba o sistema financeiro ao qual chamamos de mesada.

O diferencial desta obra em relação as outras que circulam pelo mercado é que nela eu proponho uma nova visão do conceito original de mesada. Se você pensa que mesada é só dinheiro, este livro vai lhe provar que não. Existem vários tipos de mesada que já são oferecidos às crianças e devem ser objeto de estudo para que sejam aplicados de forma correta.

Pode ser que alguns tipos de mesada já estejam sendo praticados pela sua família e você nem tenha percebido. Neste livro, você aprenderá a identificar cada tipo e sua aplicabilidade. Assim, você poderá auxiliar seus filhos e familiares a assimilarem rapidamente a ideia de que o dinheiro passa pelas mãos de crianças, jovens e adultos de diferentes maneiras. E que isso gera a necessidade de entender como administrá-lo. Não se esqueça de que o valor a ser implementado para cada forma de mesada pode variar de acordo com a realidade financeira, econômica e social da família.

Você vai despertar para uma "inteligência financeira", ou seja, para a percepção de que, por trás de tudo o que existe no mundo, há um "dinheiro não físico" circulando também. Refiro-me de forma específica a um dinheiro cujo poder de alcance está além do papel-moeda, um dinheiro que não está sendo "visto" e acaba passando despercebido por todos nós.

Antes de dar continuidade à leitura, quero que saiba que, além das orientações sobre como implementar a mesada, esta obra traz no seu contexto a reeducação financeira familiar. Essa reeducação é transmitida por meio de conceitos que devem ser praticados pelos adultos para que repassem às suas crianças e também para que deem o exemplo de alguém responsável e educado financeiramente.

Nas próximas páginas, você vai aprender e compreender como ensinar as crianças a gerirem corretamente os valores que recebem, proporcionando a elas a formação de adultos conscientes e sustentáveis financeiramente.

Eis a classificação de cada mesada que será explicada neste livro.

1 Mesada voluntária.

2 Mesada financeira.

3 Mesada de terceiros.

4 Mesada econômica.

5 Mesada empreendedora.

6 Mesada ecológica.

7 Mesada de troca.

8 Mesada social.

Antes de apresentar cada uma das mesadas, quero fazer um breve relato da minha história, que acredito eu, irá fundamentar com mais propriedade esta nova obra. Muitas vezes, emociono-me ao ver que podemos, sim, estimular as pessoas a serem mais felizes, saudáveis e conscientes da importância que o dinheiro tem em suas vidas. Ele é o meio de realização de tudo aquilo que queremos no mundo material – e no mundo não material também. Portanto, devemos ter o dinheiro como um aliado. Foi assim que sempre pensei. Isso me levou a alcançar, aos 37 anos de idade, a minha independência financeira.

Eu poderia ter parado de trabalhar nessa época para desfrutar de viagens, frequentar festas e eventos sociais, esbanjar ***status*** financeiro e "curtir o momento", adquirindo tudo o que o dinheiro podia comprar. Mas optei por não fazer isso. Aliás, segui o caminho contrário. Resolvi investir no estudo das práticas que me tornaram independente financeiramente para desenvolver um método que pudesse também ajudar outras pessoas a conquistarem essa dádiva que é a tranquilidade financeira.

Um "ruído" deve estar incomodando sua mente agora: "Mas existe isso, 'tranquilidade financeira'?". No fundo, o que você está querendo saber é "efetivamente, o que é estar tranquilo e independente financeiramente?". Trata-se do momento em que alcançamos o ***status*** de trabalhar por prazer, e não pela necessidade, protegendo a reserva financeira construída ao longo dos anos para que ela possa nos dar um padrão de vida saudável e sustentável financeiramente.

Como venho de uma família simples, da cidade de Casa Branca, no interior de São Paulo, não cresci influenciado pelo consumismo. Esse foi um aspecto fundamental na minha trajetória. Meu primeiro trabalho foi como auxiliar de camelô. Acredito que foi nessa época que me senti "escolhido" para a missão de me tornar instrumento de auxílio às pessoas com dificuldades para lidar com o dinheiro. Foi a partir dali, com todo o aprendizado que os obstáculos e as superações me proporcionaram, que tive – e tenho todos os dias – a chance de transmitir aos outros a bagagem de conhecimentos que construí e pratiquei no decorrer da minha história.

Relato isso porque esse é um sonho não material – ajudar as pessoas. E ele só foi possível porque decidi investir meus ganhos financeiros na produção de livros, palestras, cursos e muitas outras ferramentas de cunho didático que me permitiram chegar até elas.

"Dê-me um ponto de apoio e moverei o mundo", disse o matemático e físico grego Arquimedes, inventor da alavanca, na Antiguidade. O meu ponto de apoio é a educação financeira, na qual venho esmerando meus conhecimentos desde que me senti tocado pela vontade de controlar minha vida monetária, a fim de buscar meus sonhos e de ajudar as pessoas a fazerem o mesmo.

Todavia, como todas as descobertas e metodologias precisam ser comprovadas cientificamente – sobretudo para obterem reconhecimento acadêmico –, busquei fazer meu mestrado e meu doutorado apresentando como instrumento de pesquisa minha própria vivência. O que vai descrito neste livro, portanto, tem seus alicerces nas minhas práticas, dificuldades e êxitos ao longo da minha carreira.

Essa é a minha forma de diversão: manter o foco e a dedicação permanente na minha "missão" de disseminar a educação financeira no Brasil e no mundo. Acredite ou não, o dinheiro passa pelas nossas mãos para transformar o mundo em um lugar mais próspero, saudável e sustentável, inclusive financeiramente. E digo isso pensando não só no que ele pode comprar, mas principalmente por nos abençoar em nossa curta jornada na Terra.

TUDO COMEÇA COM UM MÉTODO: A METODOLOGIA DSOP

METODOLOGIA DSOP

ANTES DE CONHECER OS **8 TIPOS DE MESADA** MENCIONADOS NA INTRODUÇÃO, É PRECISO COMPREENDER QUE, SEM UM MÉTODO, NÃO CHEGARÍAMOS A LUGAR ALGUM. EU, QUE FUI O CRIADOR DA PRIMEIRA COLEÇÃO DIDÁTICA E PARADIDÁTICA DE EDUCAÇÃO FINANCEIRA NAS ESCOLAS DO ENSINO BÁSICO NO PAÍS – JÁ ADOTADA POR MILHARES DE INSTITUIÇÕES PÚBLICAS E PRIVADAS –, VENHO AGORA EXPLICAR O ALICERCE PARA A IMPLEMENTAÇÃO DA MESADA. REFIRO-ME À **METODOLOGIA DSOP**, QUE VEM SENDO A BASE DO LETRAMENTO FINANCEIRO DE CRIANÇAS, JOVENS E ADULTOS NO BRASIL E, MAIS RECENTEMENTE, GANHANDO FORÇA EM OUTROS PAÍSES DA AMÉRICA, EUROPA E ÁSIA.

Meu método irá orientá-lo sobre como lidar com a iniciação da educação financeira de suas contas e também com a de suas crianças. Neste livro, você verá, com base na minha prática, algumas propostas, para que possa começar a fazer o trabalho com seu filho ou com qualquer criança ou jovem pelo qual você seja responsável.

A base da **Metodologia DSOP** envolve quatro pilares. Foram esses pilares que me levaram à independência financeira. Sempre que inicio uma palestra, gosto de dar esse relato. Antes de transformar os quatros passos em pilares de uma metodologia, vivenciei cada um deles e os testei durante vários anos, ou seja, experimentei na prática e só depois comecei a transmitir esses ensinamentos, que estão relatados de forma abrangente em meu livro *Terapia Financeira*.

Na minha concepção, não podemos ensinar algo que não aprendemos com a vivência prática. Portanto, quando digo para uma pessoa que ela deve proceder dessa ou daquela maneira, estou falando por experiência própria, pois sou um exemplo vivo de que a minha metodologia não só funciona, como já conseguiu recuperar a saúde financeira de muitas famílias Brasil afora.

Isto posto, vamos aos quatro pilares nos quais se baseia a **Metodologia DSOP**.

1. DIAGNOSTICAR.
2. SONHAR.
3. ORÇAR.
4. POUPAR.

Vamos a definição de cada um?

DIAGNOSTICAR

Você já parou para pensar que é possível controlar o destino que o dinheiro toma no decorrer do mês? É muito comum receber o salário ou ganho mensal variável e descobrir que, em poucos dias, já não temos mais nada na conta. Para onde vai esse dinheiro?

Para responder a essa questão, o primeiro passo da minha metodologia recomenda que você faça, uma vez por ano, um diagnóstico financeiro. Durante trinta dias, você deve registrar, de modo bem detalhado, tudo o que gastar, discriminando por tipo de despesa até mesmo os pequenos gastos, como cafezinhos, gorjetas, entre outros.

Uma vez concluídos os trinta dias de registro, você deve somar os valores marcados por tipo de despesa, a fim de visualizar qual foi o total gasto em cada item. Com o mapa dos gastos em mãos, comece a refletir sobre a importância de ter trocado o seu dinheiro pelas aquisições que fez – uma bolsa, um sapato, um jantar mais caro etc. Se você for sincero consigo mesmo, verá que é possível reduzir seus gastos.

Pesquisas mostram que, em tudo o que compramos, sejam gastos essenciais ou não, há um excesso de 30% ou mais nas despesas feitas no mês. Um diagnóstico serve para evitar esse desperdício, mas também para que você perceba quanto gasta com seus filhos mensalmente. Se você tem três filhos, por exemplo, deverá anotar as despesas destinadas a cada um deles. Ao final dos trinta dias de análise, você saberá exatamente quanto gasta com cada um e, a partir disso, será possível mensurar o valor que irá estabelecer para a mesada deles.

SONHAR

Depois de realizada a primeira etapa da **Metodologia DSOP** – o diagnóstico financeiro –, é chegada a hora de reunir a família para conversar a respeito não só de dinheiro, mas também das coisas que ele pode proporcionar.

Tome cuidado para que essa reunião não se transforme em uma conversa sobre "corte de despesas". Esse bate-papo não pode ser um momento desagradável ou tedioso para a família. Essa conversa é o início da construção de algumas práticas, atitudes e realizações entre os membros da sua família, tanto no aspecto individual quanto no coletivo.

O assunto principal da reunião precisa ser "os sonhos". Os envolvidos devem comentar, de forma espontânea, sobre desejos, projetos, metas, objetivos profissionais e pessoais, entre outros. Afinal, quem é que não tem sonhos, projetos e desejos na vida? Grandes ou pequenos, todas as pessoas têm ambição ou alguma coisa em mente para realizar.

A presença das crianças é bem-vinda e necessária na reunião familiar, independentemente da idade. Isso porque, em todos os ciclos ou etapas da vida, temos sonhos e projetos que queremos realizar. Viver é estar em constante busca da concretização de algo que nos gratifique espiritual e materialmente. E com as crianças, não é diferente.

Depois dos sonhos expostos, falar sobre a racionalização das despesas fica mais fácil, pois isso será feito em nome de algo muito maior e pleno, que é a realização dos objetivos individuais e coletivos de cada um.

Nesse sentido, chamo atenção para a importância de identificar sempre, no mínimo, três sonhos.

DE CURTO PRAZO:
crianças, até três meses; adultos, até um ano.

DE MÉDIO PRAZO:
crianças, até seis meses; adultos, até dez anos.

DE LONGO PRAZO:
crianças, mais de seis meses; adultos, acima de dez anos.

Para que um sonho saia do plano das ideias e se torne concreto, é preciso que o "sonhador" responda aos seguintes itens.

- ✓ **MEU SONHO É?**
- ✓ **MEU SONHO CUSTA?**
- ✓ **QUANTO VOU GUARDAR?**
- ✓ **EM QUANTO TEMPO O REALIZAREI?**

COMO GASTAR A MESADA?

QUANDO CHEGA O DIA DE RECEBER A MESADA, É COMUM DAR AQUELA VONTADE DE JÁ SAIR GASTANDO TUDO, NÃO É? MUITAS CRIANÇAS, PORÉM, CONTROLAM ESSA COCEIRINHA. ELAS DIZEM QUE É IMPORTANTE ECONOMIZAR O DINHEIRO QUE RECEBEM DOS PAIS OU DA FAMÍLIA PARA PODER REALIZAR UM GRANDE SONHO.

É O CASO DE DANIEL FREIRE, 8 ANOS. FÃ DE HISTÓRIA DO BRASIL, ELE QUER COMPRAR UMA MOEDA ANTIGA QUE CUSTA R$ 17 MIL. PARA ISSO, GUARDA PARTE DE SUA MESADA, QUE VARIA DE R$ 20 A R$ 50, DEPENDENDO DO MÊS.

"A MOEDA É DE OURO E TEM UMA IMAGEM DE DOM PEDRO II CRIANÇA", CONTA O GAROTO. [...]

"É NATURAL QUE SURJA UM INTERESSE PELO TEMA. A MESADA, CONTROLADA PELOS PAIS, AJUDA NESSE DESENVOLVIMENTO", ACREDITA MARA PUSCH, PSICÓLOGA DA UNIFESP (UNIVERSIDADE FEDERAL DE SÃO PAULO).

JÁ PARA O EDUCADOR FINANCEIRO REINALDO DOMINGOS, O DINHEIRO DEVE SER USADO PARA REALIZAR ALGUM OBJETIVO: "É IMPORTANTE QUE OS PAIS INCENTIVEM OS FILHOS A TEREM SONHOS. E MOSTREM QUE ELES PODEM SER REALIZADOS POUPANDO", DIZ.

"DOS R$ 30 QUE RECEBO POR MÊS, TENTO ECONOMIZAR A MAIOR PARTE. VOU PARA A DISNEY NESTE ANO E PRECISO DE DÓLARES PARA COMPRAR BRINQUEDOS POR LÁ", CONTA FELIPE OKADA CORLETO, 10 ANOS.

Rafael Gómez e Rebecca Vicente. "Como gastar a mesada? Confira dicas de crianças e especialistas". Folhinha. In: Folha de S. Paulo, 17 de janeiro de 2015. Disponível: <http://www1.folha.uol.com.br/folhinha/2015/01/1576088-como-gastar-a-mesada-criancas-e-especialistas-dao-dicas-para-poupar.shtml>. Acesso em 7 de julho de 2015.

ORÇAR

O orçamento financeiro, em sua definição mais arcaica, diz que devemos priorizar nossas despesas e, depois, com o que sobrar, pensar em realizar os sonhos. Seguindo essa orientação, grande parte das famílias não consegue guardar dinheiro para concretizar seus sonhos.

Desde os meus doze anos de idade, pude praticar um orçamento que vai na contramão desse conceito. Ao receber meu primeiro ganho como auxiliar de camelô, guardei parte desse dinheiro para o meu sonho, que era comprar uma bicicleta. Faço isso até os dias de hoje. Primeiro retiro dos meus ganhos os valores para os meus sonhos; o restante utilizo para o meu custo de vida.

Assim, o terceiro passo da **Metodologia DSOP** recomenda um tipo de orçamento financeiro diferente, no qual os seus sonhos são colocados em primeiro lugar.

Vamos ver como isso se dá na prática: "os sonhos antes das despesas".

A fórmula é a seguinte:

GANHO (–) SONHOS (–) DESPESAS

Com esse novo método de orçar as finanças, você conseguirá readequar seus gastos de um modo que facilite o caminho para concretizar seus objetivos de vida. E isso ocorre pelo simples fato de que os sonhos passam a ser prioridades.

Nesse momento, você pode se perguntar: "Mas, como posso guardar dinheiro para os meus sonhos, se estou inadimplente e/ou endividado até o pescoço?".

É simples: sair das dívidas também pode ser considerado um sonho, por isso, deve ser enquadrado em um de seus objetivos de curto, médio ou longo prazos.

POUPAR

Como sabemos, poupar é o ato de guardar, proteger, deixar a salvo, resguardar algo. Quando o assunto é dinheiro, é muito importante que você mentalize que o movimento de guardar uma quantia – portanto, de não gastar – está sendo feito para que seus sonhos venham a se concretizar.

Devemos pensar que, ao tomar a atitude de investir o dinheiro, temos sempre de atrelar aos nossos sonhos: de curto prazo (crianças, até três meses; adultos, até um ano); de médio prazo (crianças, até seis meses; adultos, até dez anos) e de longo prazo (crianças, mais de seis meses; adultos, acima de dez anos).

No caso das crianças, esses investimentos podem ser feitos de várias formas. Crianças menores devem ser estimuladas a guardar seus sonhos (dinheiro) em cofrinhos de curto, médio e longo prazos. Para as crianças com mais idade, sugiro que seja aberta uma caderneta de poupança ou até mesmo uma previdência privada. Chamo a atenção, porém, para o fato de que, independentemente de onde for guardado o dinheiro, é imprescindível que ele esteja sempre atrelado a um sonho.

São esses os quatro princípios básicos da educação financeira que estruturam a **Metodologia DSOP**. Se você quiser se aprofundar nos ensinamentos, orientações e técnicas dessa metodologia, recomendo a leitura do livro *Terapia Financeira*, no qual descrevo com mais detalhes essas etapas.

Neste momento, levando em conta que você já tem um conhecimento prévio do método que vai auxiliá-lo com suas crianças, saiba que ele será fundamental para que você compreenda os ensinamentos sobre a implementação e a administração da mesada. Agora eu o convido a virar a página e a continuar junto comigo entendendo e descobrindo um pouco mais a respeito desse tema.

O CONCEITO DE MESADA

8 TIPOS DE MESADA

NÃO HÁ REGISTRO PRECISO DA ÉPOCA EM QUE A MESADA PASSOU A EXISTIR NA HISTÓRIA DA HUMANIDADE. NO ENTANTO, A MAIORIA DOS DICIONÁRIOS DEFINE UM TERMO ORIGINADO DA PALAVRA MÊS, CUJA PRÁTICA CONSISTE NA ENTREGA PERIÓDICA, DE TRINTA EM TRINTA DIAS, DE UMA QUANTIA EM DINHEIRO QUE UMA PESSOA DOA PARA OUTRA. EM ALGUNS PAÍSES, COMO OS ESTADOS UNIDOS, É COMUM AS FAMÍLIAS OPTAREM PELA SEMANADA, QUE É A ENTREGA DE UM VALOR EM DINHEIRO NO PERÍODO DE UMA SEMANA. EM OUTROS PAÍSES, COMO O JAPÃO, A MESADA PODE TER UM SIGNIFICADO COMPLETAMENTE DIFERENTE DO QUE COSTUMAMOS TER NO MUNDO OCIDENTAL, COMO A MESADA ENTRE CASAIS, POR EXEMPLO.

OKOZUKAI – A MESADA JAPONESA

OKOZUKAI OU **OTTO KOZUKAI** GERALMENTE PODEM SER TRADUZIDOS COMO "MESADA", "SUBSÍDIO" OU "DINHEIRO PARA GASTOS PESSOAIS". NO JAPÃO, ESSA PRÁTICA É MUITO USADA ENTRE OS CASAIS E GERALMENTE É A ESPOSA QUE PASSA A "MESADA" PARA O MARIDO, PARA SEUS GASTOS PESSOAIS OU ATÉ PARA BEBER COM OS COLEGAS.

APESAR DA FAMA DE SUBMISSA QUE A MULHER JAPONESA GANHOU NA MÍDIA, É ELA QUEM CONTROLA AS FINANÇAS DA FAMÍLIA, MESMO QUE SÓ SEU MARIDO TRABALHE. ESSA TRADIÇÃO É MUITO ANTIGA E ATÉ HOJE É ADOTADA PELA MAIORIA DAS FAMÍLIAS JAPONESAS.

É CONSIDERADA UMA DAS FUNÇÕES MAIS IMPORTANTES DE UMA DONA DE CASA, ALÉM DAS TAREFAS DOMÉSTICAS COTIDIANAS, É CLARO. A MAIORIA DOS MARIDOS JAPONESES NÃO TÊM TEMPO OU NÃO GOSTAM DE CUIDAR DAS FINANÇAS DOMÉSTICAS E PAGAMENTOS DE CONTAS.

PORTANTO, AO RECEBER O SALÁRIO, O MARIDO REPASSA TODO O DINHEIRO À ESPOSA, OU ENTÃO ENTREGA SEU CARTÃO E CADERNETA BANCÁRIA PARA QUE ELA REALIZE O PAGAMENTO DAS DESPESAS DA CASA E FAÇA AS DEVIDAS COMPRAS DE MANTIMENTOS DOMÉSTICOS E ALIMENTOS PARA A FAMÍLIA. SÓ DEPOIS DISSO TUDO É QUE ELA ENTREGA O "OKOZUKAI" AO MARIDO.

DEPOIS QUE TODAS AS DESPESAS DA CASA SÃO PAGAS, O QUE SOBRAR VIRA HESOKURI, OU SEJA, A MULHER ESCONDE O DINHEIRO QUE SOBROU EM ALGUMA PARTE DA CASA, ONDE O MARIDO E OUTROS MEMBROS DA FAMÍLIA NÃO POSSAM ENCONTRÁ-LO.

ESSA POUPANÇA SECRETA SERVE PARA COBRIR GASTOS SURPRESAS E EVENTUAIS, COMPRAR PRESENTES PARA FAMILIARES, VIAGENS OU ATÉ QUEM SABE GASTÁ-LO SEM O CONHECIMENTO DO MARIDO. MAS TAMBÉM PODE SER ÚTIL EM UM MOMENTO DE EMERGÊNCIA PARA COBRIR DESPESAS INESPERADAS, COMO NO CASO DE UM TERREMOTO POR EXEMPLO. [...]

NA MAIORIA DOS PAÍSES, O CASAL POSSUI CONTA CONJUNTA E ASSIM PODEM ADMINISTRAR JUNTOS O DINHEIRO. NO JAPÃO, NÃO SE PODE TER UMA CONTA COM DOIS NOMES, PORTANTO O CASAL TEM UMA CONTA PARA O MARIDO E OUTRA PARA A ESPOSA, CASO ELA TRABALHE FORA.

NO CASO DE A ESPOSA JAPONESA TRABALHAR EM TEMPO INTEGRAL, COMO O MARIDO, AS DESPESAS SÃO DIVIDIDAS IGUALMENTE ENTRE OS DOIS, PORÉM A ATRIBUIÇÃO DE RESOLVER AS FINANÇAS E DISTRIBUIR O OKUZOKAI CONTINUA PERTENCENDO À ESPOSA, NA MAIORIA DOS CASOS.

MAS EMBORA O HESOKURI SEJA GERALMENTE ASSOCIADO ÀS DONAS DE CASA, ALGUNS MARIDOS ESPERTINHOS TAMBÉM ARRANJAM UMA FORMA DE GUARDAR SUA "POUPANÇA SECRETA". GERALMENTE, ELES ESCONDEM SUAS ECONOMIAS SECRETAS EM UMA GAVETA COM CADEADO EM SEU LOCAL DE TRABALHO, SEM QUE A SUA ESPOSA SEQUER DESCONFIE.

Cultura tradicional. In: Japão em Foco. 14 de agosto de 2011.
Disponível: <http://www.japaoemfoco.com/okuzokai-a-mesada-japonesa/>. Acesso em 7 de julho de 2015.

No Brasil, sempre recomendo aos pais que adotem o sistema de mesada. Isso porque, em nosso país, a dinâmica de cobranças, receitas e pagamentos acontece, em geral, mensalmente – diferentemente do modelo norte americano, em que tudo é semanal.

Contudo, se a criança apresentar dificuldade para compreender a noção de tempo e, depois de três meses (ou seja, após três tentativas), os pais perceberem que as coisas não estão funcionando, recomendo que o sistema de semanada seja experimentado, para que a criança desenvolva com calma a percepção da relação entre "tempo" e "uso do dinheiro". Depois de certo período, os pais devem voltar a falar em mesada para a criança, buscando mostrar que esse sistema é o mais adequado para a administração dos ganhos.

No entanto, como já dissemos na introdução, o sistema de mesada estruturado pela **Metodologia DSOP** não se restringe apenas ao dinheiro. A mesada financeira é apenas uma das 8 modalidades que envolve esse método. Esse sistema visa à conscientização de que o dinheiro está em tudo: em um copo de requeijão que jogamos fora em vez de reutilizar, no livro didático que já foi usado pela criança, até no gasto de energia elétrica que um chuveiro ligado por muito tempo representa no bolso da família. Por isso, se os seus filhos já estão em uma idade em que podem compreender alguns conceitos que envolvem os **8 TIPOS DE MESADA**, recomendo a você que comece a conversar com eles sobre a prática consciente do uso do dinheiro e de tudo que o envolve.

Muitos pais me procuram querendo saber: "Mas, Reinaldo, a partir de que idade devemos iniciar nossas crianças nesse sistema?". Costumo responder que a partir dos sete anos de idade a criança já tem habilidade e entendimento para compreender e fazer uso de alguns tipos de mesada. No entanto, é importante ter em mente que, na verdade, o processo de percepção da necessidade da mesada já se inicia bem antes na vida dos pequenos. Isso acontece quando a criança tem o primeiro contato com o dinheiro, a partir dos três anos de idade. É quando surgem os primeiros pedidos de compra de coisas simples, como um sorvete, um chocolate ou um brinquedo.

Eu diria que essa já é uma etapa preparatória para a implementação gradativa do sistema de mesadas, que vai se consolidar como uma prática mais consciente por volta dos sete anos de idade.

Vale ressaltar, contudo, que cada família tem as suas peculiaridades financeiras, que se refletem em um ritmo de vida diferenciado. Existem aquelas que têm um padrão de vida mais elevado, enquanto outras vivem de forma mais modesta. No entanto, independentemente do poder aquisitivo que as envolvem, é importante deixar claro que toda família tem dinheiro circulando pelas mãos e que, por isso, é capaz de implementar os 8 tipos de mesada, seja qual for a renda da casa. Esses ensinamentos funcionam para todos, sem exceção.

Certa vez, em uma entrevista, uma jornalista me perguntou: "E se a criança não quiser ter uma mesada?". Nesse caso, a mesada não pode ser uma imposição nem uma obrigatoriedade. Meu filho, por exemplo, nunca quis ter mesada durante a infância. Ele me pedia para guardar o dinheiro para ele, com o objetivo de, no final do ano, poder realizar um de seus sonhos.

Em grande parte das vezes, ao invés de manter o dinheiro em um cofrinho ou em uma caderneta de poupança, algumas crianças preferem que esses "meios" sejam substituídos pelo que chamam de **"BANCO-PAI"** ou **"BANCO-MÃE"**, entregando o dinheiro ao pai ou à mãe para que o guardem. Em vista disso, você não deve forçar a implementação dos 8 tipos de mesada de uma só vez na vida da criança. É preciso ter sensibilidade para perceber o quanto elas estão preparadas para cada um deles. Essa adesão deve surgir como um processo natural, por meio da necessidade ou do desejo da própria criança.

Uma questão importante, que geralmente causa confusão entre os pais ou responsáveis pela criança, é o equívoco de lidar com a mesada como se ela fosse um mecanismo de prêmio ou castigo. Já ouvi muitos pais dizerem que a mesada precisa ser conquistada, como uma espécie de "sacrifício" por um bom comportamento, uma nota boa na escola, um banho bem tomado. Isso é uma prática imperdoável! A mesada não pode ser associada a nenhuma atitude da criança, seja boa ou má. O dinheiro que ela recebe não deve estar atrelado nem ao comportamento nem à atitude que a criança possa ter. Jamais devemos, por exemplo, associar a mesada a um rendimento escolar satisfatório ou ao cumprimento de tarefas domésticas.

PAI MOSTRA REGRA PARA CALCULAR MESADA DOS FILHOS E FAZ SUCESSO NA INTERNET

VÍTOR YAMADA DIVULGOU NO PERFIL PESSOAL DO FACEBOOK A FÓRMULA QUE ELE UTILIZA PARA CALCULAR O VALOR DA MESADA DOS FILHOS E, DESDE ENTÃO, COMEÇOU A FAZER SUCESSO NA REDE SOCIAL. PARA CALCULAR O "TOTAL A PAGAR", O PAI DESCONTA DO VALOR ESTABELECIDO UMA PUNIÇÃO PELAS REGRAS QUE NÃO FORAM CUMPRIDAS.

A LISTA DE REGRAS INCLUI ITENS COMO "FALTAR, ATRASAR OU RECLAMAR PARA IR À ESCOLA", "COMER NA SALA DE TV/ESTAR", "DEIXAR ROUPAS/CALÇADOS/TOALHAS LARGADOS" E "DESOBEDECER PAI E MÃE". OS DESCONTOS VÃO DE R$ 0,25 A R$ 3,00 POR ITEM DESRESPEITADO.

NO MÊS DE SETEMBRO, EM QUE A TABELA FOI POSTADA POR YAMADA NO FACEBOOK, O FILHO VITOR INFRINGIU MAIS AS REGRAS DO QUE A FILHA GIULLIA, DESRESPEITANDO 11 ITENS DA LISTA – ALGUNS MAIS DE UMA VEZ – E TEVE DESCONTADOS R$ 19,50 DO VALOR TOTAL DA MESADA (R$ 50), RECEBENDO R$ 30,50. GIULLIA, MAIS COMPORTADA, INFRINGIU SEIS ITENS E RECEBEU R$ 43,25.

DESDE SEGUNDA-FEIRA, QUANDO ELE POSTOU UMA FOTO COM AS REGRAS E OS DESCONTOS, CERCA DE 85 MIL PESSOAS JÁ COMPARTILHARAM A TABELA UTILIZADA POR ELE.

Terra Economia. In: Portal Terra. 10 de outubro de 2013.
Disponível: <http://economia.terra.com.br/pai-mostra-regra-para-calcular-mesada-dos-filhos-e-faz-sucesso-na-internet,62db3baee13a1410VgnVCM10000098cceb0aRCRD.html>.
Acesso em 7 de julho de 2015

O que percebo, depois de anos estudando esse assunto, é que essa associação tem origem no modelo norte-americano de educação financeira, que estimula a criança desde cedo a "batalhar" pelo seu próprio dinheiro – o que chamamos de "empreendedorismo", e não de educação financeira.

Esse modelo funciona pelo método da "barganha" e da troca: "Se você não tirar notas boas, não receberá sua mesada" ou "Se mantiver seu quarto arrumado por um mês, vai ganhar um bônus de 50% na mesada".

Na minha concepção, acredito que atrelar a mesada ao desempenho ou comportamento da criança só deseduca. A criança pode acabar associando valores a uma espécie de "toma lá, dá cá", uma prática nociva que vincula ações boas e virtuosas necessariamente a uma recompensa, quando a ação boa ou virtuosa deve ser praticada por si mesma, independentemente do que irá ganhar com isso.

Portanto, tenha sempre em mente que esse tipo de "barganha" ou imposição para liberar a mesada de uma criança não é um gesto recomendável tampouco saudável quando o assunto é dinheiro.

Conforme vimos anteriormente, a mesada deve ser implantada a partir do momento em que a criança apresenta sinais claros da necessidade contínua de pedir dinheiro aos pais. Assim, vale ressaltar que, se a criança ainda não demonstra essa necessidade, isso é um sinal de que a iniciação da mesada não faz sentido.

O que geralmente acontece é que o filho pede uns trocados aqui e ali e o pai vai dando, de acordo com o uso que a criança fará dessas pequenas quantias. Como são vários pedidos em um período de tempo relativamente grande, em certo momento, o destino desse dinheiro se torna impreciso e difuso, pois não há como saber no que a criança ou o adolescente usou nem como controlar esse gasto. No final do mês, ninguém, nem o pai nem a criança sabem ao certo para onde foi esse dinheiro.

Essa constatação vai na contramão da ideia de que o dinheiro que passa pelas mãos da criança precisa ser respeitado por ela desde os primeiros centavos. Pois precisa! Por isso, é vital que haja uma atenção dos pais no sentido de acompanhar o comportamento monetário dos filhos. Como já dissemos, e não custa reiterar, o diagnóstico deve ser uma análise rigorosamente precisa, pois somente dessa forma ele poderá nos ajudar.

Outro ponto importante diz respeito à manutenção da mesada depois de implementada. Nessa fase, é preciso muito cuidado e atenção para verificar onde o dinheiro entregue mensalmente à criança está sendo gasto. Isso porque uma das grandes preocupações que surgem quando o dinheiro começa a chegar na mão da criança de forma periódica é a de que ela se torne "presa fácil" dos vícios do consumo.

Sem a prática e a disciplina da educação financeira, a criança fica vulnerável e pode acabar gastando dinheiro à toa, em um caminho tortuoso e temerário. Isso acontece quando não é feito um trabalho de conscientização com relação a poupar para realizar sonhos. Em vista disso, os pais e os adultos responsáveis devem inserir os ensinamentos referentes à administração de recursos financeiros na rotina da criança e acompanhar de perto esse processo, desde a infância até o fechamento do ciclo de formação do jovem.

Pense que a criança, quando passa a ter um ganho mensal, torna-se alvo dos apelos nem sempre honestos da sociedade de consumo em que vivemos. Mesmo que você, com toda a paciência, converse, explique, conscientize e monitore, quando menos se espera, em um descuido qualquer, a televisão, a internet ou aquele "amigo" que influencia os colegas põe por terra todo o seu trabalho de conscientização financeira.

No mundo atual, as pessoas costumam confundir o que é essencial e o que é supérfluo. Quando ouço alguém dizer "preciso comprar aquele aparelho celular de qualquer jeito, senão eu morro" ou "vou comprar aquele carro nem que seja a última coisa que faça na vida", fico preocupado, pois esse comportamento se reflete na educação financeira das crianças e dos jovens, naturalmente influenciáveis pelos adultos, bem como na dos próprios pais, responsáveis, avós etc.

Enquanto as pessoas supervalorizarem grifes, etiquetas e marcas, em busca do ***status*** que elas prometem, ou aquilo de que não precisam para viver, mais difícil será guardar dinheiro para a realização de desejos, objetivos e sonhos. Portanto, reúna toda a família e bata um papo com eles sobre tudo isso. Fale bastante, porém, ouça também. O diálogo é sempre uma troca saudável quando há equilíbrio e o resultado costuma ser transformador. Lembre-se de que você deve ser um exemplo para os pequenos.

Ao conversar com o seu filho e expor suas opiniões, ele acabará percebendo que, poupando sem se deixar influenciar por agentes estimuladores do consumo, estará adquirindo algo que deseja com consciência e responsabilidade, além de dar o exemplo para os colegas do seu convívio. É preciso reforçar no inconsciente da criança a importância de aprender e de praticar o ato de poupar. Aos poucos, ela entenderá também que poupar é importante e necessário, porém mais valioso ainda é sonhar.

Toda criança, em algum momento da vida, pergunta "Por que devo poupar?". Isso é natural. Todo ser humano traz consigo o desejo de entender "o porquê" das coisas. Com os mais novos, não é diferente.

Nessa hora, sente-se com ela em algum lugar agradável e peça que feche bem os olhos, respire fundo e imagine três sonhos que gostaria de realizar. Escolha uma ocasião em que vocês tenham bastante tempo livre para que, sem pressa, a criança possa mergulhar em seus pensamentos e soltar a imaginação. Leve-a a compreender que esses três sonhos precisam ser alcançados e que, a partir daquele momento, ela será um herói ou heroína percorrendo uma jornada épica em busca de seus desejos.

A partir dessa mentalização lúdica, em que a criança se projeta em um ato heroico em busca de seus objetivos, poupar vira um prazer, uma "curtição" e não um sacrifício. Toda criança gosta de aventuras. Ao associar o ato de poupar a um ato de heroísmo, que requer coragem e perseverança, aos poucos a criança passará a se familiarizar com os preços e os prazos dos produtos. Sua imaginação ganhará contornos de realidade e ela verá nos perigos do consumo um "inimigo" a ser vencido, assim como os heróis vencem seus inimigos.

Quanto melhor for assimilada a noção de poupar, desde a infância, sem grandes conflitos emocionais, com o estímulo da realização de desejos valiosos, mais chances as crianças terão de construir um país próspero financeiramente e, portanto, com qualidade de vida.

A esse respeito, deixo aqui uma orientação preciosa: acompanhe a escolha dos sonhos de seu filho e estimule-o a poupar para alcançá-los. Quando não há "motivações" (objetivos ligados aos sonhos), as crianças desistem de poupar e gastam a mesada inteira com sorvetes, balas e outros itens típicos do consumo compulsivo infantil. Nesses casos, muitas vezes, os pais não percebem que a criança deixou de poupar ou fingem não ver – por negligência ou por falta de hábito ou de conhecimento.

Nossas crianças e jovens devem ser educados financeiramente para que se tornem adultos autônomos, senhores de seu destino. Por isso, fique atento e seja cauteloso, de modo a colaborar na formação de uma criança que se tornará um adulto saudável e financeiramente sustentável.

Alguns pais me procuram querendo entender um pouco mais sobre as vantagens e desvantagens de levar a criança a guardar seu dinheiro em um cofrinho – que é um meio mais lúdico. Bom, se o seu filho se diverte vendo o montante de dinheiro crescer dentro do cofrinho, não vejo problema em deixá-lo "curtir" esse momento tão prazeroso do imaginário infantil.

Mas, atenção! Antes de colocar a primeira moeda no cofre, é preciso estimular a criança e orientá-la para que esse dinheiro tenha um destino: os seus sonhos. Caso contrário, da mesma forma que ele guardou as moedas, pode ser que alguns dias depois, pela ausência de sonhos, ele retire o dinheiro e o gaste na primeira sorveteria, doceria ou loja de brinquedos que encontrar.

Além do cofrinho, onde a criança aprende a guardar dinheiro para a realização de seus sonhos, também precisamos ensinar a ela que existem outros lugares onde os recursos financeiros podem ser guardados. É o momento de apresentar uma caderneta de poupança, a previdência privada, entre outros tipos de investimentos, mesmo que ela não compreenda tudo nessa primeira explicação.

Conforme relato em meu livro *O Menino do Dinheiro - Vai à Escola*, título que integra a série paradidática *O Menino do Dinheiro*, no tópico "Poupar", é importante que as crianças aprendam desde cedo o respeito ao conceito de "juros ao nosso favor". Com o ato de guardar o dinheiro na instituição financeira, a criança vai perceber que essa prática "somará" algumas moedas mensalmente ao seu investimento, o que a levará mais rapidamente à realização de seus sonhos. E assim ela terá as primeiras noções das vantagens do ato de investir.

No início, pode ser que a criança não entenda completamente esse processo e só retenha na memória o fato de que existe uma coisa chamada "juros que podem trabalhar a nosso favor". Essa primeira semente já é importante e suficiente para que, no decorrer dos anos, com o seu crescimento e desenvolvimento, ela passe a gostar dessa coisa chamada "juros" que nos ajuda a realizar sonhos.

É igualmente importante ter a consciência de que, seja para os adultos, para as crianças ou para os jovens, o tempo é um dos grandes desafios quando falamos em sonhos. Isso acontece porque vivemos em um país capitalista e, por isso mesmo, muito consumista – o que gera um grande equívoco na cabeça das pessoas, que assimilam a informação de que "tudo é para ontem".

Não é preciso pesquisar muito, basta ver o noticiário econômico regularmente, para constatar que as famílias brasileiras estão presas nas armadilhas da ansiedade e do imediatismo. Isso pode ser confirmado quando paramos para refletir sobre uma pergunta que sempre faço em minhas palestras e cursos: "Se, a partir de hoje, você não recebesse mais o seu salário mensal, por quanto tempo conseguiria manter seu atual padrão de vida?".

A resposta de mais de 98% das pessoas é de que não conseguiriam manter seus compromissos e padrão de vida nos meses seguintes. Então lhe pergunto: "Será que você e sua família se encontram nesta situação?"; "Que perfil financeiro possuem?"; "São investidores?". Se sim, parabéns! O sinal está sempre verde para aqueles que guardam parte da renda mensal para os seus sonhos. Mas, se você avaliar que está equilibrado financeiramente, esteja atento. O sinal vermelho de alerta está aceso para você. Nesse perfil, estão aqueles que quitam seus compromissos, não acumulam dívidas, porém, não conseguem guardar nada para os seus sonhos.

Agora, se o seu perfil se enquadra na categoria dos endividados, porém, de forma controlada, o sinal que acende à sua frente é o amarelo. Você tem dívidas, mas honra todas elas nos prazos. No entanto, não se esqueça de que está pagando juros e pode cair para a categoria dos inadimplentes, não conseguindo mais honrar suas prestações no dia do vencimento.

Diante disso, você pode estar se perguntando: "Como assim, sinal vermelho, se estou na situação de equilibrado financeiramente?". É simples e você entenderá. As pessoas que se encontram endividadas e inadimplentes já estão pré-determinadas a não mais ficar nessa situação. Portanto, elas têm uma motivação maior para buscar formas de mudar seus hábitos e costumes para sair da situação em que se encontram. Já com os que estão em equilíbrio financeiro, a disposição já é outra. Elas entendem que está tudo bem e pensam "Isso não é comigo, pois o que ganho dá para pagar tudo o que compro". Ao pensar dessa forma, essas pessoas ficam em uma zona de conforto temerária, pois têm uma resistência bem maior para promover mudanças, uma vez que não enxergam a ameaça que ronda sua vida.

Bem, mas você pode estar pensando: "E o que tudo isso tem a ver com o sistema de mesada?". E eu lhe respondo: "Se os mais de 50 milhões de brasileiros que hoje se encontram em situação de inadimplência tivessem absorvido a contento esses ensinamentos, certamente seriam pessoas com sustentabilidade financeira. E o sistema de mesada, seja qual for o mais adequado, poderia ser implantado de modo mais tranquilo pela família".

Por fim, agora que já conhecemos o método sobre o qual o sistema de mesada está embasado, a **Metodologia DSOP**, vamos aos 8 tipos de mesada e às suas aplicabilidades na vida prática de crianças e jovens, e na de suas famílias.

1. MESADA VOLUNTÁRIA

MESADA VOLUNTÁRIA

A MESADA VOLUNTÁRIA É AQUELE DINHEIRO QUE OS PAIS COSTUMAM DAR ÀS CRIANÇAS DE FORMA ALEATÓRIA: UM TROCADO HOJE, OUTRO AMANHÃ, SEM MUITO CRITÉRIO. ESTOU ME REFERINDO A ALGUMAS MOEDINHAS QUE ELAS PEDEM PARA COMPRAR UM BRINQUEDO PEQUENO, UM DOCE, UM SORVETE OU ALGO SIMPLES QUE DESEJAM. ESSAS PEQUENAS QUANTIAS COMEÇAM A SER DADAS ÀS CRIANÇAS A PARTIR DOS TRÊS ANOS DE IDADE.

Se pensarmos que as primeiras moedas entregues nas mãos de uma criança já caracterizam um tipo de mesada – nesse caso, a voluntária –, constataremos que a afirmação de alguns adultos de que seus filhos não ganham mesada não é verdadeira.

A mesada voluntária é a "mesada-bebê", o primeiro dinheiro que passa pelas mãos da criança. O avô pode dar, a mãe, o tio, tanto faz. O fato é que toda criança tem contato com o dinheiro logo nos primeiros anos de vida. E esse primeiro contato, não importa a origem do dinheiro, tem um impacto fundamental, pois, como se diz, "a primeira impressão é a que fica". É um momento que, de algum modo, a criança registra na memória.

Por isso mesmo, por ser um momento marcante, quase uma espécie de "ritual de passagem", a mesada voluntária, mesmo que seja dada na forma de moedas de cinco ou dez centavos, precisa ser valorizada pelo adulto que a está dando. E a criança deve entender que aquilo tem um valor especial, que é algo "novo" em sua vida, algo que não acontece a todo momento.

No entanto, quando a criança começa a pedir dinheiro com muita frequência, seja para comprar o lanche da escola, um livro ou um brinquedo, é sinal de que a necessidade de ter o dinheiro começa a se tornar cada dia mais real para ela. Aquilo já não é um pedido eventual, mas algo que ela começa a entender como fazendo parte da sua relação com os pais.

Isso ocorre, geralmente, na faixa dos sete aos dez anos de idade. A criança já não anda somente com os pais e, em certos momentos, sem a companhia de seus responsáveis por perto, sente o desejo de comprar um sorvete, uma guloseima qualquer.

É preciso fazer uso da sua inteligência financeira para perceber este momento, pois ele pode passar despercebido. Há uma fase na vida da criança em que a necessidade do dinheiro passa a ser recorrente e, se você continuar mantendo o sistema de mesada voluntária, a desorganização no uso do recurso financeiro poderá se transformar em um caos.

É a típica situação em que você já não sabe quanto está dando por dia, por semana ou por mês para a criança e ela também não sabe quanto está recebendo e gastando – e, de todo modo, não cabe a ela se preocupar com isso. Esse é o momento em que uma transição deve ser feita: o corte da mesada voluntária e a adoção da mesada financeira (que veremos no próximo tópico). A diferença entre elas está justamente na forma de controle e de organização que o dinheiro terá daí por diante.

É importante salientar que cada família tem o seu padrão e o seu contexto de vida próprios – que dependem muito, naturalmente, da cultura em que ela está inserida, da região em que mora, do bairro em que vive etc. O meio social influencia muito nessa necessidade do "dinheiro próprio" quando se trata de crianças. Umas despertam mais cedo para essa demanda; outras, mais tarde.

Por isso, a primeira coisa a fazer é observar a rotina financeira de seus filhos, a fim de perceber qual é o momento certo de parar de dar dinheiro "aos picados", quando eles pedem, e passar a determinar um valor mensal, com o qual terão de começar a se organizar para adequar suas necessidades à "renda" que passarão a receber.

A partir do momento em que o adulto percebe qual é o momento ideal da criança para a iniciação de seu aprendizado com relação ao uso do dinheiro, é fundamental que você tenha uma conversa com ela a respeito do universo das finanças. Nada muito aprofundado nem complexo que seu nível cognitivo não consiga apreender, apenas o essencial. Os exemplos e a abordagem que os adultos darão nessa conversa inicial serão de suma importância para a criança, pois os pequenos tendem a se espelhar nos mais velhos.

Muitos pais me perguntam: "Mas, Reinaldo, porque eu devo dar mesada para o meu filho?". Costumo responder: "Porque ele precisa começar a aprender a organizar seu próprio dinheiro desde cedo, a fim de se tornar um adulto consciente e planejador de suas finanças".

É uma resposta aparentemente simples, mas que traz efeitos duradouros. Se os pais passarem a infância e a adolescência de seus filhos "liberando" dinheiro a todo momento, a vida financeira não só da criança mas também da família vai virar uma bagunça.

E mais: quando você começa a dar dinheiro todo dia, cada vez para uma necessidade diferente da criança, você passará a não ter o menor controle de quanto está gastando por mês com aquele filho. Se tiver mais de um filho, multiplique o problema por dois, por três, por quantos filhos tiver. Além disso, a própria criança também não se preocupará em entender quanto gasta por mês, tampouco terá a percepção de que o dinheiro é algo finito, ou seja, que existe um limite mensal para que ele seja utilizado.

A criança que ganha mesada de forma correta, ou seja, com método, terá noção do valor do dinheiro e mais facilidade em administrar seus ganhos ao longo da vida. Se ela não aprender na infância e nem na adolescência a fazer seu dinheiro "sobreviver" ao mês, provavelmente se tornará um adulto perdulário, que também não conseguirá viver apenas com o salário.

Levando em consideração o dinheiro dado à criança desde seus três anos de idade e a aplicação da **Metodologia DSOP**, os adultos se darão conta de que precisam orientá-la quanto ao destino que esses valores devem ter – que não deverá ser pautado apenas pelo consumo, mas também pelo poder de realização do dinheiro. Para isso, a criança terá de guardar parte desses valores para desejos e sonhos.

Recordando uma das principais regras da etapa Sonhar da minha metodologia, recomendo implantar essa consciência financeira na criança de maneira lúdica, dando a ela três cofrinhos: um com o nome de **Curto**, que deverá ser para os sonhos de até três meses; outro com o nome de **Médio**, para os sonhos de até seis meses; e um terceiro com o nome de **Longo**, para aqueles sonhos de até um ano, que requerem um tempo maior para juntar o dinheiro porque, geralmente, têm um custo mais alto.

Acredite! A criança tem um grande poder de absorver tudo o que é novo, e se fizermos isso logo no início da vida, ela estará adotando essa forma de pensar como hábito. Este é o ponto principal dessa metodologia. Somente dessa forma ela vai compreender que guardar parte do dinheiro que recebe dos pais ou de qualquer membro da família é a forma adequada de cuidar dele.

A partir do momento em que a criança incorpora essa lição e começa a praticá-la, estará desenvolvendo um dos principais ensinamentos de sua vida:

GUARDAR PARTE DO DINHEIRO QUE PASSARÁ POR SUAS MÃOS PARA A REALIZAÇÃO DE SEUS DESEJOS E SONHOS.

Aproveito para deixar uma pergunta no ar: "Você guarda parte do dinheiro que passa por suas mãos para realizar seus sonhos?".

Outra pergunta deve estar provocando um "ruído" em sua mente: "Mas, por que cofrinhos?". A pergunta é oportuna. Chamo aqui a atenção para a necessidade de "mostrar" à criança que dentro dos cofrinhos estão os desejos e sonhos dela. E quando ele estiver cheio, é de extrema importância que a família promova algum tipo de ritual – algo que fique marcado para a criança – no dia da abertura dele. É importante que esse momento tenha um significado simbólico e significativo para a criança, para que, a partir dali, sirva de referência para ela.

Os rituais podem ser de vários tipos, dependendo das circunstâncias e do poder de mobilização da família. Ir a uma loja ou estabelecimento comercial, por exemplo, fotografar ou filmar esse momento, ao adquirir seu objeto dos sonhos. Posteriormente, ela poderá divulgá-lo nas redes sociais, valorizando o seu ato de compra perante os familiares e os amigos. Não se trata de um mero ato consumista, mas da inserção da criança na vida social de uma forma responsável e consciente. Com isso, você estará fornecendo as bases do conceito de educação financeira para o seu filho.

Com essas atitudes simples, porém, repito, de efeitos profundos e duradouros, a criança terá a oportunidade de "debutar" financeiramente já na infância, compreendendo que o dinheiro, além de comprar guloseimas, figurinhas e coisas simples do dia a dia, também serve para realizar sonhos e desejos cada vez maiores.

Assim como uma conhecida frase diz que "o primeiro beijo a gente nunca esquece", a mesada voluntária, ao ser bem implantada, servirá de alicerce e de motivação para todas as outras mesadas que veremos adiante.

2. MESADA FINANCEIRA

MESADA FINANCEIRA

A MESADA FINANCEIRA É AQUELA QUE É DADA PARA A CRIANÇA APRENDER A ADMINISTRAR O DINHEIRO QUE GANHA. TRATA-SE DE UM VALOR FIXO DETERMINADO PELOS PAIS OU RESPONSÁVEIS, TENDO EM VISTA A NECESSIDADE DE TRANSIÇÃO DA MESADA VOLUNTÁRIA PARA A MESADA FINANCEIRA.

Este tópico pretende fazer com que você entenda e aprofunde os conhecimentos a respeito dessa nova prática de entrega sistemática de uma quantia mensal à criança, em vez do "dinheiro trocado" que era dado aleatoriamente na mesada voluntária.

A implementação da mesada financeira na vida da criança deve ser feita de forma coerente, consciente e benéfica para ela. Ao adotá-la, uma das primeiras questões que surgem é "Como definir o valor dessa mesada?".

MINHA RECOMENDAÇÃO É SEMPRE DE QUE AMBOS, ADULTO E CRIANÇA, DEVEM COMEÇAR A FAZER UMA ANÁLISE CRITERIOSA DE SUAS DESPESAS COTIDIANAS.

É com base nesses resultados que a família terá condições de determinar o valor da mesada. Para estipular o valor ideal, os pais devem fazer um diagnóstico financeiro preciso. Não por acaso, este é o primeiro passo da **Metodologia DSOP**. Vamos relembrá-lo?

Durante trinta dias, você deve registrar de forma minuciosa tudo o que gastou com cada filho. Anote por tipo de despesa, usando o Apontamento de Despesas (pode ser um caderno, uma agenda ou um aplicativo no seu celular).

Vale reforçar que esse diagnóstico deve ser feito com periodicidade anual. No entanto, se considerarmos que ano a ano a criança se desenvolve, assume novas responsabilidades, que por sua vez geram novas necessidades, pode haver uma oscilação no recebimento do seu dinheiro. O valor determinado para cada ano, por isso, deve ser sempre atualizado. Os adultos podem perceber essas mudanças quando a criança começa a pedir dinheiro extra para complementar seu consumo mensal.

Uma vez concluídos os trinta dias de registro, você deve somar os valores dados à criança – ou a cada uma delas, caso você tenha mais de um filho. Dessa forma, poderá visualizar o total de dinheiro que ela recebeu no mês.

Faço aqui uma ressalva importante: a criança não deve ter conhecimento desse valor. Esse diagnóstico serve para que você perceba quanto gasta com cada um de seus filhos mensalmente, mas eles não precisam ter noção desse montante por enquanto. O motivo principal é a necessidade de estabelecer as regras da mesada financeira, mediante os ensinamentos da **Metodologia DSOP** – que determinam que parte do dinheiro, do ganho mensal, deve ser destinado para os sonhos de curto, médio e longo prazos.

Nesse momento, recomendo que 50% do valor apurado seja destinado para os sonhos e 50% para as despesas.

Como fazer isso?

Eis uma orientação passo a passo.

1 *Reúna-se com cada uma das crianças separadamente.*

2 *Identifique com a criança quais são os sonhos e desejos dela; peça que ela fale, desenhe ou escreva no papel.*

3 *Elogie o comportamento da criança, diga que ela é amada, educada, e que está crescendo e se tornando responsável.*

4 *Leve-a a perceber a frequência com que vem tendo a necessidade de ter dinheiro nas mãos.*

5 *Mostre a ela que isso tem ocorrido porque seus pais ou responsáveis não estão por perto nos momentos necessários para dar o dinheiro, o que ocorre geralmente quando ela está na escola. Isso porque eles estão trabalhando ou ocupados com afazeres domésticos e familiares.*

6 *Diga a ela que resolveram dar uma quantia de dinheiro fixa, de forma mensal, e que isso se chama mesada financeira.*

7 *Apresente o valor a ser dado (50% do valor apurado no mês, conforme o diagnóstico feito) para gastos com guloseimas, lanches, figurinhas etc.*

8 Pergunte à criança o que ela achou dessa iniciativa. Certamente, ela ficará muito feliz, pois nunca pegou tanto dinheiro de uma vez.

9 Elogie a criança novamente e ressalte que vocês confiam nela e que este é um passo importante para a autonomia financeira dela.

10 Introduza o conceito de sonhos de curto, médio e longo prazos. Volte a falar da relação dos sonhos com o dinheiro e peça à criança que escreva o valor de cada desejo. Oriente-a a definir na lista três sonhos, estabelecendo suas prioridades: de curto prazo (até três meses), de médio prazo (até seis meses) e de longo prazo (até um ano).

11 Esse é um momento de muita emoção: o "comunicado oficial" de que a criança receberá mais um valor, igual ao estabelecido para a sua mesada, totalizando-a em duas partes: metade para os sonhos e metade para o consumo. Isso deve ser feito enfatizando-se que o total da mesada é de 100% do que foi apurado no diagnóstico. Nessa etapa, é importante separar com ela os valores destinados a cada sonho e o restante que ela vai usar para o seu consumo mensal.

12 Finalize as orientações explicando à criança que todo mês ela receberá 50% da mesada para destinar aos seus sonhos, enquanto os outros 50% servirão para os gastos diários, que ela deve aprender a administrar para que durem os trinta dias do mês.

13 *Deixe claro para ela que vocês, pais ou responsáveis, estarão sempre acompanhando e apoiando esse novo momento da vida dela.*

14 *Nos meses subsequentes, avise à criança que o momento de realizar seu sonho de curto prazo está chegando. Esse lembrete preparatório deverá ser feito nos momentos que antecedem a conquista do sonho, fazendo com que ela comece a perceber que o dinheiro guardado realmente pode concretizá-los.*

15 *Busque o valor de cada sonho e solicite à criança que escolha um novo, para substituir aquele de curto prazo que ela acabou de realizar. Vale a mesma regra para os sonhos de médio e de longo prazos. O importante é mostrar à criança que todos os desejos e sonhos dela poderão ser realizados.*

16 *Ao sair com a criança e ela pedir algum objeto ou produto que não faça parte dos planos e sonhos do momento, diga que tudo bem, que pode comprar com o dinheiro dela – certamente ela desistirá da compra.*

Com tudo o que foi exposto, você já está apto a descobrir o valor que vai usar para implementar a mesada financeira de seus filhos. Vamos relembrar essa fórmula?

VALOR APURADO NO DIAGNÓSTICO = MESADA FINANCEIRA
MESADA FINANCEIRA = 50% SONHOS + 50% CONSUMO CONSCIENTE

EXEMPLO:
MESADA NO VALOR DE R$ 100,00.
DEVEMOS DIVIDIR EM DUAS PARTES IGUAIS:

PRIMEIRA PARTE: 50% = 50,00 → SONHOS { **CURTO PRAZO R$ 25,00**; **MÉDIO PRAZO R$15,00**; **LONGO PRAZO 10,00** }

SEGUNDA PARTE: 50% = R$50,00 → CONSUMO { **GULOSEIMAS, LANCHES ETC.** }

No início, para que a criança possa compreender que não está deixando de ganhar seu dinheiro, é recomendável que esses 50% restantes sejam colocados em três cofrinhos (sempre destinando os valores para os sonhos de curto, médio e longo prazos), em uma caderneta de poupança ou ainda guardar o dinheiro com os pais, nos já mencionados "Banco-Pai" ou "Banco-Mãe". Ressalto a importância desses recursos ficarem visíveis para a criança.

É importante considerar também uma previdência privada como um destino que o dinheiro pode ter, com o objetivo de fazer uma reserva para o futuro. Os outros 50% destinados ao consumo mensal da criança podem ser manuseados na forma de dinheiro ou cartão de débito, dependendo do que for mais adequado ao cotidiano de cada família. Se possível, leve a criança para fazer esse depósito. E quando chegarem os extratos bancários pelo correio, permita a ela que visualize os papéis e possa ver os números na conta, para que compreenda o mecanismo de acréscimo de juros.

Vale ressaltar que os adultos precisam acompanhar de perto as movimentações financeiras das crianças nos primeiros meses da mesada financeira.

Quando a criança está em processo de adaptação à sua nova vida financeira, ela deve ser observada e orientada pelos pais. É preciso estar de olho na forma como esse dinheiro vem sendo gasto.

Recomendo que oriente a criança a anotar no primeiro mês todos os seus gastos por tipo de despesa (chocolate, lanches, figurinhas, brinquedos etc.). Calcule o total e, após esse período, converse com ela sobre cada um dos itens, a fim de identificar os excessos.

É muito comum as crianças esquecerem onde, como e quando utilizaram o dinheiro. Dessa forma, elas não conseguem fazer um relato preciso aos pais.

O hábito da anotação diária ajuda toda a família a ter um controle maior dos gastos, porém isso deve ser feito por no máximo três meses ao ano, para que não se torne um vício, fazendo com que a criança se torne refém das anotações.

Agindo dessa forma, seu filho estará priorizando os sonhos, diminuindo assim o hábito de despesas cotidianas que podem não ser tão necessárias em sua vida.

CRIANÇA RASGA MESADA APÓS MÃE PAGAR MENOS DO QUE O COMBINADO

O QUE VOCÊ FARIA SE O SEU FILHO RASGASSE A MESADA EM PEDACINHOS POR VOCÊ TER DADO MENOS DINHEIRO DO QUE O COMBINADO? A QUESTÃO APARECEU NO FACEBOOK EM 11 DE ABRIL: "NÃO DIGA COMO VOCÊ SE SENTE, MAS DIGA EXATAMENTE O QUE FARIA SE O SEU FILHO SE COMPORTASSE EXATAMENTE DESSE MODO?". A POSTAGEM VIRALIZOU RAPIDAMENTE NA REDE SOCIAL.

NÃO SABEMOS QUANTO DINHEIRO FOI RASGADO. [...] OU SEJA, SE A CRIANÇA REALMENTE FEZ ISSO, PODEMOS SUPOR QUE CERCA DE R$ 200 FORAM RASGADOS. A QUESTÃO LEVANTOU MUITA POLÊMICA, POIS HOUVE MAIS DE 13 MIL CURTIDAS E 38 MIL COMPARTILHAMENTOS DA FOTO.

JUNTE DINHEIRO, MALCRIAÇÃO INFANTIL E MESADA E TEMOS OS INGREDIENTES DE UMA POLÊMICA. MESADA, VACINAS, GLÚTEN, UMA VARIEDADE DE ASSUNTOS APARECEU NOS COMENTÁRIOS DO POST. SE HÁ ALGO SOBRE O QUAL AS PESSOAS ADORAM OPINAR, É CRIAÇÃO INFANTIL: SIMPLESMENTE PORQUE QUASE TODOS NÓS SOMOS OU SEREMOS PAIS ALGUM DIA. VEJA ALGUNS COMENTÁRIOS DO POST:

BOB SIMMONS: "A CRIANÇA ESTÁ CERTA. A MÃE, AO NÃO CUMPRIR O COMBINADO, MOSTRA QUE A PALAVRA DELA NÃO VALE NADA. COMO A MÃE REAGIRIA SE O SALÁRIO DELA FOSSE CORTADO SEM AVISO?".

APRIL SUTTON: "EU NÃO TINHA TANTOS DIREITOS. MEU DIREITO ERA VIVER NUMA CASA."

TROY PARVATON: "COMEMORE O FATO DE ELE SER UMA CRIANÇA. FOSSE UM ADULTO, ELE FARIA VOCÊ SE ARREPENDER DE NÃO TER PALAVRA. MOSTRE RESPEITO E PAGUE A ELE O QUE VOCÊ PROMETEU."

E VOCÊ, O QUE ACHA DA ATITUDE DA MÃE E DA REAÇÃO DO FILHO?

Charles Nisz. Yahoo! Notícias Brasil. In: Portal Yahoo!, 21 de abril de 2015. Disponível: <https://br.noticias.yahoo.com/blogs/vi-na-internet/crianca-rasga-mesada-apos-mae-pagar-menos-do-que-o-160748935.html>. Acesso em 7 de julho de 2015.

Para concluir as orientações sobre a mesada financeira, chamo sua atenção para algo fundamental: o dinheiro nunca será mais importante que os nossos sonhos. Por isso, ao falar com as crianças e jovens a esse respeito, é preciso levar em conta cada fase da vida deles, zelando para que vivam e curtam plenamente cada etapa.

Procure mostrar que o dinheiro poderá ajudá-las a realizar sonhos e desejos, mas que jamais devem abdicar dos momentos que o dinheiro não compra, os sonhos não materiais. Temos de valorizar e viver intensamente cada momento, fazendo com que o dinheiro seja apenas o meio para a realização dos sonhos. O dinheiro deve ser utilizado para facilitar nossa caminhada ao longo da vida. Ele não é – e nunca será – o mais importante.

3. MESADA DE TERCEIROS

MESADA DE TERCEIROS

QUANDO OS AVÓS RESOLVEM DAR UM PRESENTE EM DINHEIRO AO NETO OU À NETA, SURGE A QUESTÃO: **PARA ONDE VAI ESSE DINHEIRO?** ELE ENTRA NA COTA DOS 50% DE RENDA MENSAL DESTINADA AOS SONHOS DA CRIANÇA OU NOS 50% DE RENDA QUE SERÁ GASTA COM O CONSUMO COTIDIANO DELA? AFINAL, QUE TIPO DE MESADA É ESSA?

Ela pode até parecer uma mesada financeira, porém esse dinheiro não é um valor fixo mensal que a criança continuará recebendo – foi apenas um **PRESENTE**. Nesse caso, estamos falando da mesada de terceiros, que se define como um dinheiro que a criança ganha de vez em quando de familiares, dos pais ou de amigos. Esse presente pode ser dado no aniversário, no Dia das Crianças, no Natal, mas também pode ser entregue em qualquer outra situação.

O raciocínio é o mesmo que desenvolvemos na vida adulta. Recebemos alguns "presentes" em dinheiro ao longo do ano, como o 13° salário, a restituição do imposto de renda, um bônus de férias e, em alguns casos, a PLR (Participação nos Lucros e Resultados) da empresa.

O ideal seria que o desejo de guardar parte do valor recebido partisse da própria criança. Todavia, se ela não tiver essa iniciativa espontaneamente, caberá aos pais ter uma conversa com ela para explicar que quanto mais dinheiro for reservado para os seus sonhos, mais rapidamente eles se realizarão. A decisão sobre que destino esse dinheiro irá tomar vai depender muito desse diálogo entre pais e filhos.

O que eu recomendo é que haja bastante cuidado nesse momento, pois a chance da criança gastar no "piloto automático", cedendo aos impulsos do consumismo, é grande.

É importante também conversar com os familiares mais próximos da criança – tios, avós, primos – no sentido de conscientizá-los sobre a forma como você vem administrando a educação financeira na sua casa. Dessa forma, o risco de que algum parente discorde da forma como você vem criando seus filhos é bem menor.

Aproveite a oportunidade para passar esses ensinamentos aos seus familiares e amigos. Quando você determina que fará o papel de orientador e transmissor de conhecimento aos outros, estará reforçando suas próprias crenças. Além disso, trabalha com o firme propósito de fazer com que as pessoas se alinhem a um novo estilo de vida, pelo qual todos tenham a possibilidade de se tornar educados financeiramente. Família e comunidade unidas jamais serão vencidas!

MESADA PODE AJUDAR A CRIANÇA A SER ADULTO MENOS CONSUMISTA

[...] ÀS VÉSPERAS DO DIA DAS CRIANÇAS, É NORMAL QUE OS FILHOS PEÇAM PRESENTES AOS PAIS SEM LEVAR O PREÇO EM CONTA. "VEJO ISSO COMO UM REFLEXO DA DIFICULDADE QUE OS PAIS TÊM DE CONVERSAR SOBRE DINHEIRO COM OS FILHOS. NA HORA DA CONVERSA COM OS FILHOS, AS FINANÇAS AINDA SÃO UM TABU MAIOR DO QUE O SEXO E AS DROGAS", DIZ RICARDO PEREIRA, CONSULTOR DO PROGRAMA CONSUMIDOR CONSCIENTE DA MASTERCARD.

TANTA DIFICULDADE SE EXPLICA. PARA PEREIRA, QUEM É PAI HOJE MUITO PROVAVELMENTE VIVEU EM TEMPOS DE HIPERINFLAÇÃO. E QUEM VIVEU EM TEMPOS DE HIPERINFLAÇÃO TEVE DE CONVIVER COM PLANO APÓS PLANO ECONÔMICO MALSUCEDIDO ATÉ A INTRODUÇÃO DO REAL, EM 1994. EM TEMPOS DE TAMANHA INSTABILIDADE, ORGANIZAR-SE FINANCEIRAMENTE ERA QUASE IMPOSSÍVEL. ASSIM, POUCOS DESENVOLVERAM HABILIDADES FINANCEIRAS.

OS RESULTADOS DESSA AUSÊNCIA ESTÃO AÍ. EM AGOSTO DESTE ANO [2014], O NÚMERO DE INADIMPLENTES BATEU RECORDE, ATINGINDO 57 MILHÕES DE BRASILEIROS, SEGUNDO A SERASA EXPERIAN. UMA PESQUISA DO INSTITUTO IPSOS APONTA QUE 68% DAS FAMÍLIAS BRASILEIRAS NÃO PENSAM EM POUPAR DINHEIRO. ALÉM DISSO, 83% NÃO PENSAM QUE PODEM SE DEPARAR COM IMPREVISTOS FINANCEIROS.

AÍ VÊM AS CONTRADIÇÕES. APESAR DOS NÚMEROS ADVERSOS, ESTUDO DA BOA VISTA SCPC (SERVIÇO CENTRAL DE PROTEÇÃO AO CRÉDITO) DIZ QUE 76% DOS CONSUMIDORES ACREDITAM SER MUITO IMPORTANTE ORIENTAR CRIANÇAS SOBRE COMO LIDAR COM O DINHEIRO, ENQUANTO 20% CONSIDERAM IMPORTANTE. NO ENTANTO, APESAR DE A MAIORIA DOS BRASILEIROS CONSIDERAR RELEVANTE CONVERSAR COM OS FILHOS SOBRE O USO DO DINHEIRO, 68% NÃO POSSUEM O HÁBITO DE DAR MESADA ÀS CRIANÇAS. "É RECOMENDÁVEL QUE O FILHO RECEBA MESADA A PARTIR DOS SETE ANOS", AFIRMA PEREIRA.

"CRIANÇAS PENSAM EM SONHOS DE CURTO PRAZO E A MESADA PODE SER UM MEIO DE ENSINÁ-LAS A SE ORGANIZAR PARA CONQUISTAR O QUE DESEJAM", DIZ O EDUCADOR FINANCEIRO REINALDO DOMINGOS, DA ESCOLA DSOP DE EDUCAÇÃO FINANCEIRA. "OS PAIS PODEM MOSTRAR QUE, RESERVANDO UM POUCO POR MÊS, O FILHO PODE COMPRAR DALI UM TEMPO O SEU VIDEOGAME, A BICICLETA, O QUE FOR."

SEGUNDO DOMINGOS, A MESADA, DESDE QUE DADA COM ORIENTAÇÃO DOS PAIS, É O PRIMEIRO PASSO PARA A CRIAÇÃO DE UM CIDADÃO SUSTENTÁVEL FINANCEIRAMENTE. "DÊ O DINHEIRO E ANALISE O COMPORTAMENTO DO FILHO DURANTE TRINTA DIAS. ANOTE TUDO O QUE ELE GASTOU E DEPOIS SENTE COM ELE, TENHA UMA CONVERSA FRANCA, MOSTRE COMO O DINHEIRO FOI USADO. NÃO PODE APENAS DAR DINHEIRO OU PROMETER MAIS SE A CRIANÇA FOR BEM NA ESCOLA. ISSO, ALIÁS, É UMA MANEIRA DE MOTIVAÇÃO EQUIVOCADA, POIS PODE ATRAPALHAR O DESEMPENHO ESCOLAR."

Eduardo Vasconcelos. Terra Economia. In: Portal Terra. 10 de outubro de 2014. Disponível: <http://economia.terra.com.br/mesada-pode-ajudar-crianca-a-ser-adulto-menos-consumista,c9a174ab446f8410VgnVCM4000009bcceb0aRCRD.html>. Acesso em 7 de julho de 2015.

A mesada de terceiros nos remete a uma reflexão importante, especialmente para aqueles que têm ganhos variáveis, como os autônomos, os profissionais liberais, os comissionados e os empreendedores, que necessitam, mais do que os assalariados, criar o hábito de reter, proteger, guardar parte do dinheiro recebido em seus projetos, reservando a outra parte para seu custo de vida.

Esse conceito, como se pode observar, traz um grande ensinamento para as **GERAÇÕES FUTURAS**. Estou falando de crianças que estão sendo criadas com o hábito de administrar o dinheiro de maneira preventiva, e não mais corretiva, em seu dia a dia.

Como diz o sábio ditado que ouvi pela primeira vez do vendedor da bicicleta que comprei na infância, o senhor Gladiston Millan Costa, de que...

DINHEIRO

NÃO

ACEITA

DESAFORO.

E ele ainda complementou, dizendo que ou você o respeita, ou nunca o terá.

A mesada de terceiros também pode contribuir para a nossa conscientização na vida adulta. Isso porque, ao longo da vida, acabamos utilizando os ganhos extras para compensar a ausência de educação financeira em nossa formação. Com isso, esses recursos se tornam parte do orçamento anual, o que fará com que ele tome o destino do consumo. Portanto, nós, adultos, devemos proteger parte ou a totalidade deles.

Assim, a mesada de terceiros tem um papel significativo na formação de nossas crianças e também na nossa, fazendo com que a gente possa criar hábitos razoáveis e sensatos ao receber um dinheiro extra.

4. MESADA ECONÔMICA

MESADA ECONÔMICA

A MESADA ECONÔMICA, COMO O NOME JÁ ANTECIPA, BASEIA-SE NA PRÁTICA DE ECONOMIZAR O MÁXIMO POSSÍVEL, TANTO EM DINHEIRO QUANTO EM RECURSOS MATERIAIS. ESTE É UM TIPO DE MESADA QUE PODE SER IMPLANTADO NA VIDA DE CRIANÇAS E JOVENS, NÃO IMPORTANDO A CONDIÇÃO FINANCEIRA OU SOCIAL DA FAMÍLIA.

Se o salário dos pais não vem sendo suficiente para implantar a mesada financeira, é importante que a família perceba que em sua própria casa há um valor monetário circulando que, provavelmente, está passando despercebido aos olhos de todos. Refiro-me à relação entre consumo e desperdício. Posso dar vários exemplos, sobretudo quando as crianças incorrem em algumas das seguintes situações:

- passam horas no chuveiro, brincando;
- deixam luzes acesas sem ninguém no ambiente;
- esquecem a televisão ou o computador ligados;
- desperdiçam alimentos, como lanches levados para a merenda;
- não conservam seus materiais escolares e seus brinquedos.

Todas essas situações acarretam gastos que geram desperdício de dinheiro. Quando a criança se torna consciente, esse recurso econômico pode ser transformado em recurso financeiro.

Ressalto, nesse caso, a importância do comportamento dos adultos em relação ao desperdício. De nada adianta ensinarem uma determinada postura se não praticarem o que estão defendendo.

É imprescindível mostrar o que o dinheiro representa em nossa vida. Você pode fazer isso apresentando a ela, de forma lúdica, algumas contas essenciais, como a de consumo de energia elétrica ou de água da família, ou ainda as notas com as compras no supermercado.

Pergunte o que ela acha que faz a família gastar mais dinheiro com energia, por exemplo. Explique que uma lâmpada acesa, o chuveiro, a televisão e o computador ligados, tudo isso corresponde ao número que vem na conta de luz no fim do mês, ou seja, o dinheiro que será tirado do orçamento familiar.

O importante é que seu filho perceba que tudo o que vocês usam além do necessário faz a família perder dinheiro, o que acarreta na impossibilidade ou no adiamento da realização de sonhos e desejos.

O DESPERDÍCIO DE DINHEIRO PODE REPRESENTAR O "FIM" DOS PLANOS DE UMA VIAGEM EM FAMÍLIA, DE UM PASSEIO NO FIM DE SEMANA, DA AQUISIÇÃO DE UM BRINQUEDO NOVO, ENTRE OUTROS DESEJOS QUE FAZEM PARTE DO UNIVERSO INFANTIL.

Portanto, procure conversar com todos, incluindo as crianças, e verifique se estão cientes do valor real de cada item e da necessidade de se evitar o desperdício.

Agora, vamos à prática da mesada econômica.

1. Reúna a família tendo como pauta de discussão os desejos e sonhos de cada um (agente motivador).

2. Calcule e registre os valores de cada sonho.

3. Pergunte a todos de que forma podem obter o dinheiro para realizar esses sonhos, sejam eles individuais ou coletivos, materiais ou não materiais.

4. Pergunte de que modo ou em quais itens eles podem economizar para que o dinheiro "apareça".

5. Apresente todas as despesas existentes no âmbito familiar, ou seja, as despesas de todos os componentes da família.

6. Debatam a possibilidade de redução de cada despesa.

7. Instigue-os a refletirem sobre o consumo consciente.

8. Trace metas para cada membro da família.

9. Proponha que os valores economizados sejam destinados da seguinte forma: 50% aos sonhos estabelecidos pela família e os outros 50% para, por exemplo, ajudar em alguma melhoria na casa ou para ser usado como mesada financeira.

Por fim, vale lembrar que a mesada econômica, além de ser um dos caminhos para a obtenção da mesada financeira, tem como fundamento a conscientização e o esforço coletivos.

Esse sistema ajuda também a criar um melhor relacionamento familiar e ainda contribui diretamente para a sustentabilidade econômica, financeira e ambiental. Portanto, todos devem se unir para praticá-lo.

CONSUMIDORES TROCAM LIXO RECICLÁVEL POR DESCONTOS NA CONTA DE LUZ

EM OITO ESTADOS BRASILEIROS, TEM CONSUMIDOR GANHANDO DESCONTO NA CONTA DE LUZ. ALGUNS CHEGAM A NÃO PAGAR NADA. A ELAINE BAST EXPLICA O TRUQUE. LÁ VEM SEU MANOEL EMPURRANDO O CARRINHO. É ASSIM QUE ELE E DONA CRISTINA TROCAM LIXO RECICLÁVEL POR DESCONTO NA CONTA DE LUZ. O CASAL SE CADASTROU HÁ UM ANO NUM PROGRAMA DA DISTRIBUIDORA DE ENERGIA. "CATAMOS UNS NEGÓCIOS, LEVAMOS LÁ. AÍ CATAMOS MAIS E LEVAMOS. AÍ, QUANDO VEIO A CONTA, VEIO A METADE. AÍ FALEI: 'SENDO ASSIM, VAMOS CONTINUAR LEVANDO. DÁ DESCONTO NA CONTA DE LUZ'. LEVO UM MONTE DE UMA VEZ SÓ", DIZ O DESEMPREGADO MANOEL DOS SANTOS.

OS DOIS GASTAVAM EM MÉDIA R$ 100 POR MÊS DE LUZ. NAS NOVE ÚLTIMAS CONTAS, O VALOR TOTAL, OLHA SÓ QUE MARAVILHA: ZERO. E AINDA SOBROU CRÉDITO PRO MÊS SEGUINTE. "FICA PRA DESCONTAR NA PRÓXIMA CONTA AINDA", DIZ CRISTINA.

CONCESSIONÁRIAS DE ENERGIA ELÉTRICA DE OITO ESTADOS NO BRASIL TEM PROGRAMAS COMO ESSE. EM SÃO PAULO, O DESCONTO EM TROCA DE LIXO RECICLÁVEL COMEÇOU EM 2013.

PRA PARTICIPAR DO PROGRAMA, O CLIENTE NA PRIMEIRA VISITA JÁ FAZ UMA CARTEIRINHA. O LIXO RECICLÁVEL É PESADO. O VALOR DO QUILO DEPENDE DO MATERIAL. O QUILO DA LATINHA DE ALUMÍNIO, POR EXEMPLO, CUSTA R$ 1,96; O DA GARRAFA PET, R$ 0,21; O DO PAPELÃO, R$ 0,13. DEPOIS DA PESAGEM, OS VALORES SÃO SOMADOS E REGISTRADOS NUMA MAQUININHA, QUE MANDA OS DADOS DIRETAMENTE PRA DISTRIBUIDORA DE ENERGIA.

A RECICLAGEM JÁ TROUXE UMA ECONOMIA BOA PARA OS CLIENTES DA DISTRIBUIDORA QUE FORNECE ENERGIA PARA CIDADES DE SÃO PAULO E DO RIO GRANDE DO SUL

"NÓS TEMOS UM TOTAL ATÉ HOJE DE R$ 200 MIL NO ESTADO DE SÃO PAULO JÁ DE ECONOMIA E, NO RIO GRANDE DO SUL, PRÓXIMO A ISSO", DIZ O VICE-PRESIDENTE DE SUSTENTABILIDADE DA AES BRASIL, PAULO CAMILLO PENNA. TODA SEMANA, SUELI APARECIDA FAZOLIN BATE PONTO AQUI NUM POSTO E JÁ REDUZIU EM QUASE A METADE O GASTO COM LUZ. "POR VÁRIOS MOTIVOS, VALE A PENA. VOCÊ REDUZ SUA CONTA E COLABORA COM O MEIO AMBIENTE", DIZ A DONA DE CASA.

Jornal Nacional. In: Portal G1. 30 de junho de 2015. Disponível: <http://g1.globo.com/jornal-nacional/noticia/2015/06/consumidores-trocam-lixo-reciclavel-por-descontos-na-conta-de-luz.html>. Acesso em 7 de julho de 2015.

5. MESADA EMPREENDEDORA

MESADA EMPREENDEDORA

A MESADA EMPREENDEDORA VEM CONTRIBUIR COM CONCEITOS FUNDAMENTAIS DA VIDA HUMANA. UM DELES É O CONCEITO DE EMPREENDER, QUE IMPLICA DAR O MELHOR DE NÓS EM TODAS AS FASES DE NOSSA VIDA, DESENVOLVENDO AS HABILIDADES E COMPETÊNCIAS QUE POSSUÍMOS.

Muitas vezes, no entanto, essa palavra – empreender – nos leva, de forma equivocada, a relacioná-la somente com o universo dos negócios, do dinheiro e das finanças. Na verdade, empreender, em um sentido mais amplo, é ocupar cada segundo de nossa vida fazendo com dedicação, perseverança e amor tudo aquilo que pode nos levar a realização dos nossos sonhos.

Por isso, a mesada empreendedora é uma das mais interessantes para a vida das crianças e dos adolescentes. Ela nasce do desejo de ganhar seu próprio dinheiro, com algo fruto da sua imaginação e capacidade de criar algo que interesse aos outros.

Por exemplo, uma menina como a Vitória, personagem da minha obra infantil *O Menino do Dinheiro – Ação Entre Amigos*, que aprendeu a transformar folhas de papel usadas em cadernos novos e personalizados, está empreendendo e tendo uma atitude ecologicamente correta. Ou o garoto que passou a infância confeccionando pipas com a ajuda do pai e começa a vendê-las para outras crianças do bairro. Esses são exemplos muito comuns da mesada empreendedora.

No entanto, uma coisa é a criança lavar o carro do pai para ganhar uns "trocados" – isso é trabalho. Outra, completamente diferente, é a criança usar seu natural espírito inventivo e seu talento para criar algo que a divirta enquanto o realiza. Crianças jamais devem trabalhar para ganhar dinheiro. Isso, inclusive, é contra a lei. O que estamos falando aqui é do espírito empreendedor associado ao ato de brincar.

Lembro até hoje como a mesada empreendedora influenciou a história da minha vida. Comecei minha trajetória de empreendedor muito cedo, por volta dos sete anos de idade, no interior de São Paulo. Eu desejava conquistar alguns sonhos materiais – coisas que meus amigos tinham e eu, não. Então encontrei uma forma de brincar que me ajudou muito. Eu me divertia fazendo pipas e, depois de ver que tinha criado várias delas – alternando cores, formas, detalhes que as deixavam mais atraentes aos olhos de um garoto –, percebi ali uma oportunidade de ganhar dinheiro, de obter esse recurso necessário para realizar meus sonhos. No começo, para fazer as pipas, era necessário comprar alguns itens, como folhas de seda, cola, linha. Me recordo de ter pedido à minha mãe que me presenteasse com esses materiais.

Quando o dinheiro começou a chegar às minhas mãos, após as primeiras vendas, passei a administrá-lo de uma forma muito intuitiva. Guardava parte dele para realizar alguns desejos, como ir ao cinema, comprar uma bola ou outro brinquedo e destinava a outra parte para reinvestir no material necessário para a confecção de outras pipas. E ainda sobrava dinheiro para matar minha vontade de comer um chocolate, um saco de pipoca e uma paçoquinha deliciosa que marcaram minha infância.

Esse momento foi muito importante para mim, porque meus pais não tinham condições de me dar uma mesada, muito menos uma mesada financeira. Minha mãe me apoiou somente no início da atividade de "fazedor de pipas". Logo percebi que teria de sustentar os custos daquela empreitada, principalmente da matéria-prima, por minha própria conta, com o dinheiro que entrasse das vendas desse brinquedo lúdico que nos faz "voar" junto com ele. O fato é que essa experiência me serviu para continuar empreendendo em todos os momentos da minha vida.

INTUITIVAMENTE, ESCOLHI PROSSEGUIR NESSA MISSÃO DE CRIAR FORMAS E MÉTODOS QUE POSSIBILITASSEM ÀS PESSOAS EXPERIMENTAREM A SENSAÇÃO DE "PODER VOAR".

Hoje não sou mais um "fazedor de pipas" – me transformei em um "facilitador da realização de sonhos", ajudando as pessoas na conquista de seus próprios sonhos com os livros que escrevo, além de outros projetos.

Mas, voltando ao tema deste tópico, tenha sempre em mente que, para implementar uma mesada empreendedora eficaz, consciente, educativa e estimulante, é preciso dialogar com as crianças, mostrando a elas que o dinheiro é um meio importante para a realização de nossos desejos e sonhos, e que essa conquista pode se dar em qualquer momento da vida, na infância, na adolescência, na juventude ou na idade adulta. Por isso, a mesada empreendedora tem um papel fundamental na formação do cidadão como empreendedor de seus próprios recursos.

Empreender, no meu modo de pensar, é fazer algo produtivo, aproveitando o tempo de que se dispõe, no qual o dinheiro será um "meio" para as atitudes cotidianas.

Trazendo esse raciocínio para o mundo adulto, seja você um empregador, um profissional liberal ou um empregado, tenha em mente que o recurso proveniente da doação do seu tempo em qualquer atividade sempre terá como "meio" o dinheiro.

No que se refere à criança, a ideia é fazer com que ela possa se divertir, desenvolver a imaginação e nunca, jamais, fazer com que ela se mate de trabalhar construindo cinquenta pipas por dia ou uma série de objetos decorativos com o intuito apenas de comercializar produtos.

Quando você perceber que seus filhos estão começando a exercitar o lado criativo e empreendedor, estimule-os, porém, deixando clara a diferença entre brincar e trabalhar.

As iniciativas empreendedoras em nosso país vem ocupando um espaço bastante significativo na educação de crianças e adultos o que comprova a importância desse tema na formação de nossos cidadãos. Ressalto aqui a grande e importante contribuição para a formação de empreendedores que é o Sebrae (Serviço Brasileiro de Apoio às Micro e Pequenas Empresas) – instituição pela qual tenho profundo respeito e admiração.

6. MESADA ECOLÓGICA

MESADA ECOLÓGICA

VIVEMOS EM UM MUNDO CADA VEZ MAIS PREOCUPADO COM O AQUECIMENTO GLOBAL, COM AS ALTERAÇÕES CLIMÁTICAS ORIUNDAS DA QUEIMA DE COMBUSTÍVEIS FÓSSEIS E DO USO DO CARBONO COMO MOEDA DE TROCA APÓS A VIGÊNCIA DO PROTOCOLO DE KYOTO, EM 1997.

O Protocolo de Kyoto é um tratado internacional que propõe a redução da emissão de gases agravantes do efeito estufa, com o objetivo de aliviar os impactos causados pelo aquecimento global. Esse tratado propõe a realização de reuniões e debates entre os países, a fim de estabelecer metas e criar formas de desenvolvimento ambiental que não sejam prejudiciais ao planeta.

Nesse cenário, a mesada ecológica pode se tornar uma ferramenta importante para a conscientização de crianças e de jovens. A partir do momento em que elas passam a entender que os recursos naturais devem ser preservados, a prática dessa mesada torna-se imprescindível para ajudar a salvaguardar a vida das nossas futuras gerações.

O descaso dos seres humanos com as questões ambientais pode ocasionar danos irreparáveis à natureza, bem como ao nosso bolso. É preciso ter em mente que estamos falando agora de um **"DINHEIRO NÃO FÍSICO"**, que está sempre circulando entre nós, mas quase ninguém enxerga, e por isso acaba muitas vezes sendo desperdiçado.

Algumas estatísticas mostram que, atualmente, diversas empresas, ao fabricar um produto, procuram dar ênfase à conscientização no uso e descarte das embalagens, bem como no reaproveitamento, visando à diminuição da compra de matéria-prima.

O OBJETIVO MAIOR DA MESADA ECOLÓGICA NÃO É A ARRECADAÇÃO DE DINHEIRO, MAS A PREOCUPAÇÃO COM O BEM-ESTAR DO PLANETA.

Nós, consumidores, temos a obrigação de fazer a nossa parte, que é separar as embalagens e levar aos postos de arrecadação, onde os fabricantes retiram para reciclagem. Existe uma grande variedade de materiais que podem ser reaproveitados, como embalagens de papelão (leite, chás, biscoitos), de vidro (potes de azeitona ou maionese, garrafas), de plástico (sucos, iogurtes), e assim por diante.

Cada embalagem, seja de que material for, tem algum valor em dinheiro. Se você não tem condições de dar uma mesada para o seu filho, ensine a ele que, se guardar cada embalagem em sacos de lixo separados por tipo de material, no final do mês, vocês podem vender o que coletaram nos pontos de compra de material reciclado.

Faço aqui uma importante observação: a mesada ecológica vai muito além das embalagens, reciclagens e reaproveitamento de materiais. Isso porque existe também o desperdício de alimentos, que contribui significativamente para a degradação do meio ambiente.

Grande parte do que se produz hoje necessita de uma boa quantidade de água e de substâncias químicas. Essas substâncias, ao serem depositadas nos aterros de lixo, nem sempre são tratadas de forma adequada para que possam se decompor, proporcionando assim a contaminação do solo e dos reservatórios subterrâneos de água, os lençóis freáticos. Por isso, é fundamental que, na hora de consumir alimentos, é necessário que as pessoas tenha a consciência da quantidade de nutrientes que está no nosso prato.

Devemos ficar alertas, também, no momento em que estamos comprando alimentos perecíveis, pois eles não duram muito tempo e, quando adquiridos em excesso, podem se deteriorar na geladeira ou na despensa. Procure comprar apenas a quantidade que pretende consumir, respeitando o prazo de validade de cada produto.

Tudo isso deve ser explicado às crianças no dia a dia, para que elas se mantenham atentas a todo esse processo, de maneira que não esqueçam o que aprenderam. E mais, elas precisam entender que o desperdício prejudica a renda da família e também dela própria, pois pode representar a inviabilidade de ganhar um brinquedo ou realizar um sonho.

Conforme vimos em outros tipos de mesada, na mesada ecológica também devemos estimular a criança a racionalizar, mostrando que, **ECONOMIZANDO** nas despesas, será possível contribuir para a realização dos sonhos individuais e coletivos.

Mesmo que seu filho já tenha um bom ganho com os outros tipos de mesada, é importante que ele pratique as lições da mesada ecológica, pois não se trata apenas do ganho financeiro, mas, em especial, da conscientização cidadã da criança e do jovem com relação ao meio ambiente. Isso sem contar que os recursos provenientes desse tipo de mesada podem representar a realização de sonhos materiais e não materiais de outras pessoas, na forma de doação para uma creche, para um asilo etc.

Atualmente, o mundo da sustentabilidade apresenta diversas frentes e formas. Eu, como empreendedor, não poderia deixar de mencionar a importância do futuro jovem trabalhador junto às suas atividades profissionais. Com os ensinamentos que estamos transmitindo, ele certamente levará essas práticas e aprendizados para o mundo corporativo e profissional. Assim, fará com que as organizações busquem novas formas de **SUSTENTABILIDADE AMBIENTAL**, em conjunto com a **SUSTENTABILIDADE FINANCEIRA**.

Seu filho crescerá entendendo que cada um precisa fazer a sua parte, contribuindo para a sobrevivência das futuras gerações. Com esse objetivo, muitas práticas podem ser adotadas, desde reavaliar os hábitos de consumo e mudá-los de fato, utilizar os recursos naturais apenas quando necessários e evitar o desperdício de todas as formas possíveis.

Para ilustrar o que digo, aqui vai um breve relato.

Pratico, há mais de 25 anos, em minha casa, a mesada ecológica e confesso que nem eu mesmo sabia que ela teria essa denominação. Dia após dia, todos os membros da minha família – bem como meus colaboradores em casa, no sítio e no ambiente de trabalho – praticam esses ensinamentos, fazendo com que todas as embalagens sejam devidamente lavadas, enxugadas, separadas por tipo de material e transportadas para serem vendidas nos postos de coleta.

Ressalto aqui a necessidade de manter a coerência em tudo o que praticamos. Não basta promover uma ação isolada: é preciso ter hábitos de boa conduta em todos os lugares por onde passamos. Assim, estaremos adotando o comportamento adequado para que nossa vida possa ter mais sentido no que se refere à responsabilidade social.

Quando nos damos conta dos resultados práticos das nossas ações, percebemos que os valores obtidos (nessa economia) podem vir a fazer parte do orçamento financeiro mensal da família. Aprendi, nos últimos anos, que a reciclagem é tão importante, que resolvi criar a regra dos 10 Rs, com o objetivo de ampliar ainda mais nossos conhecimentos. Essa regra consta nos ensinamentos da **Metodologia DSOP** e também na coleção de livros didáticos e paradidáticos DSOP.

Para repassar esses ensinamentos às crianças, recomendo que você converse com elas sobre o assunto, tomando cuidado para que esse bate-papo não se transforme em algo maçante, mas em um diálogo agradável e atrativo.

Atente para os exemplos de atitudes e valores que você vem transmitindo ao seu filho. De nada adianta passar ensinamentos e hábitos saudáveis a ele se você não os pratica em seu cotidiano.

OS 10 Rs DA EDUCAÇÃO FINANCEIRA

1. **Refletir** *sobre nossas atitudes com relação ao comportamento e ao que consumimos. Tudo que fazemos causa impacto no planeta. Por isso, é sempre bom potencializar os impactos positivos e minimizar os negativos.*

2. **Reduzir** *o consumo excessivo ou desnecessário dos recursos naturais do planeta e de produtos e serviços em geral.*

3. **Reutilizar** *recursos e materiais que, em um primeiro instante, seriam jogados fora. Não compre coisas novas por impulso, sem necessidade. Invente, inove, crie outros hábitos e costumes. Algo que seria descartado pode virar um brinquedo, um enfeite, um adereço.*

4 **Reciclar** *tudo o que se consome significa manter o meio ambiente e o nosso bolso em equilíbrio. Só descarte lixo na coleta comum se realmente for o caso (restos de alimentos, entre outros). Encaminhe o material reaproveitável para reciclagem.*

5 **Respeitar** *o meio ambiente extraindo dele os recursos renováveis.*

6 **Reparar** *aquilo que foi danificado ou quebrado, consertar ou mandar para o conserto.*

7 **Responsabilizar-se** *por você, pelas pessoas, por sua cidade, pelos impactos benéficos e nocivos de seus atos, pelos resíduos que produz etc.*

8 **Repassar** *as informações que tiver e que possam ajudar na prática do consumo consciente.*

9 **Repensar** *gestos e ações que causaram algum mal a outras pessoas ou ao meio ambiente.*

10 **Resgatar** *uma nova história dentro de nós, procurando compreender que somos seres humanos inteligentes e sociáveis, lembrando que temos nas mãos a possibilidade da mudança e da transformação, preservando nosso planeta para as futuras gerações.*

7. MESADA DE TROCA

MESADA DE TROCA

A MESADA DE TROCA É UM BENEFÍCIO ORIGINADO DA ATIVIDADE DO **ESCAMBO**, PALAVRA QUE SIGNIFICA **"TROCA"**. ESSE TIPO DE MESADA AJUDA CRIANÇAS E ADULTOS A ADQUIRIREM COISAS NOVAS E A SE DESFAZEREM DAS QUE NÃO USAM MAIS, SEM COMETER O PECADO DO DESPERDÍCIO.

Desde os tempos mais remotos, quando o dinheiro ainda não existia, as pessoas já praticavam o escambo. Quem plantava tomates em seu quintal trocava um punhado deles por meio quilo de sal. Quem cultivava batatas trocava alguns quilos desse tubérculo por ovos ou açúcar, e assim por diante.

Hoje em dia, o escambo se transformou na cultura dos bazares e feiras de troca. Nos Estados Unidos, por exemplo, é muito comum ver famílias colocarem objetos que não querem mais no jardim de suas casas.

Muitas delas ofertam até móveis e peças de antiguidade. Os interessados, por sua vez, podem oferecer algo em troca ou simplesmente pagar para levar o que desejam para casa.

No Brasil, as feiras de troca também estão se tornando mais comuns. As crianças podem trocar brinquedos, livros, figurinhas; os adultos trocam roupas e calçados, dependendo do tema da feira ou bazar. No final, todo mundo sai ganhando.

Se fizermos uma análise comparativa das seis mesadas descritas anteriormente (voluntária, financeira, de terceiros, econômica, empreendedora e ecológica), é possível perceber que todas tiveram o seu foco nos conceitos econômicos, sociais, financeiros e de sustentabilidade.

EM OUTRAS PALAVRAS, ALÉM DO EXERCÍCIO SEMPRE SAUDÁVEL DO DESAPEGO E DA ALEGRIA DE VOLTAR PARA CASA COM ALGO NOVO – UM BRINQUEDO, UM LIVRO, UMA ROUPA, UM UTENSÍLIO

DOMÉSTICO –, A MESADA DE TROCA TAMBÉM FUNCIONA COMO UMA BOA OPORTUNIDADE DE EXERCITAR A COMUNICAÇÃO E O PODER DE NEGOCIAÇÃO ENTRE AS CRIANÇAS.

Além disso, estimula a capacidade de interação social e a consciência de que nada deve ser jogado fora, pois, para outra pessoa, aquilo pode ser de grande serventia.

Em minha infância, eu costumava trocar figurinhas com meus amigos, porque via nessa prática a chance de conseguir as que faltavam para completar meu álbum.

Quando pedia algum dinheiro à minha mãe para comprar mais figurinhas, ela dizia: "Filho, troque com seus amiguinhos as que você já tem por outras. Assim, você terá mais dinheiro para realizar novos sonhos".

Bom, podemos chamar isso de escolha. Essa é a nossa tarefa com as crianças: explicar que "não gastar" e ter o hábito de "trocar" dará a elas a liberdade de escolha com relação ao uso do dinheiro.

Esse hábito pode ser transmitido de maneira prazerosa e divertida às crianças. Os pais podem, por exemplo, propor uma **"CAÇA AOS BRINQUEDOS PERDIDOS"**, ou seja, fazer com que os pequenos resgatem os brinquedos que já não utilizam para oferecer aos amigos em uma feira de troca.

Vale dizer que os adultos também devem fazer isso. O fato é que a maioria deles não recebeu esses ensinamentos na infância e, por isso, estão acostumados a comprar as coisas em vez de trocar.

Contudo, nunca é tarde para criar novos hábitos. Você pode, por exemplo, reunir-se com sua família para realizar uma "caça aos objetos esquecidos" dentro de casa, pois sabemos que, ao longo da vida, acumulamos uma porção de coisas nos mais diversos ambientes (quintal, quarto da bagunça, garagem, guarda-roupa, estante, gavetas, caixas etc.).

Uma das atividades de grande relevância que todo início de ano acabo relembrando, por conta do "volta às aulas", é a da caça ao material escolar do ano anterior, que se praticada corretamente, gera uma economia de até 40% em média na compra dos novos itens.

Essa atividade também pode contribuir para as pessoas encontrarem objetos que por algum motivo foram esquecidos ou deixados de lado em algum momento, mas que tenham um valor afetivo ou simbólico para elas ou para sua família – lembre-se de que isso são coisas que o dinheiro não compra!

Durante a "caça", vocês podem quantificar os objetos, classificá-los de acordo com critérios criados por vocês mesmos – como o tipo de uso e sua validade, o estado do objeto etc. – no final, decidir quais podem ser trocados por coisas novas.

Algumas perguntas podem ajudá-los nesse trabalho.

1 Quais desses objetos posso descartar?

2 Quais desses objetos quero descartar?

3 Quais deles estão em condições de troca?

4 De quais objetos ainda precisamos em nossa casa?

5 Quais desses objetos fazem parte da memória da família e, portanto, não devem ser trocados?

6 Que interesse esses objetos podem ter para outra pessoa?

7 Que estratégias usaremos para trocá-los, vendê-los, compartilhá-los ou doá-los?

Quando vocês realizarem suas trocas e compartilhamentos, perceberão que lucraram ao fazer isso, ou seja, deixaram de gastar dinheiro com o que não havia necessidade. É o que chamamos, informalmente, de mesada adulta de trocas. Essa mesada possibilita que os valores economizados com a troca possam ser destinados à realização de outros desejos e sonhos.

Portanto, a mesada de troca é um hábito imprescindível na vida de crianças e de adultos. Com ela, conseguimos resgatar um dos fundamentos da **Metodologia DSOP**, que enfatiza a importância de "fazer mais com o mesmo", ou seja, de se lançar atrás de conquistas sem ter de colocar a mão no bolso.

8. MESADA SOCIAL

MESADA SOCIAL

A MESADA SOCIAL, ASSIM COMO AS DEMAIS MESADAS, TAMBÉM APRESENTA UM CONTEÚDO QUE ENGLOBA ASPECTOS ECONÔMICOS E DE CONSCIENTIZAÇÃO RELACIONADOS ÀS FINANÇAS. NO ENTANTO, ELA SE DESTACA POR SEU CARÁTER COLETIVO E HUMANITÁRIO, FAZENDO COM QUE A CRIANÇA PERCEBA O SENTIDO DA VIDA EM SOCIEDADE E TUDO QUE A CERCA.

Um exemplo muito comum de finanças voltada ao social vem do lazer, da diversão, daquelas atividades que pais e filhos escolhem para fazer juntos no fim de semana ou nas férias.

Quando a família vai passear no *shopping center* – ou em qualquer local de grande movimentação comercial –, os filhos tendem a querer entrar nas lojas de brinquedos ou gastar dinheiro com fichas de máquinas de jogos. Muitos pedem para circular pelos espaços infantis pagos, onde tem pula-pula, piscina de bolinha, escorregador e outras atividades semelhantes. Isso sem contar a despesa com lanches, sorvetes, sucos e refrigerantes nas praças de alimentação, sempre abarrotadas de gente, onde nem sempre se consegue uma mesa para comer e conversar.

Até aí, nada de errado, se formos educados financeiramente. Ocorre que, assim como as crianças, os adultos também ficam vulneráveis aos apelos do consumo de uma forma não consciente.

Agora, vamos imaginar que, ao invés de fazer esse tipo de programa rotineiro, a família escolhesse ir a um parque, a uma praça, ao zoológico, à praia... Quanto será que custaria esse programa?

Certamente, sairia bem mais barato do que a ida ao shopping. E muito provavelmente seria mais gratificante e saudável se levarmos em conta o contato com a natureza, o tempo para todos estarem juntos, conversarem e curtirem as descobertas de um passeio diferente, entre outros aspectos positivos.

ASSIM FUNCIONA A MESADA SOCIAL. NELA, O MAIS IMPORTANTE É ONDE VOCÊ ESCOLHE ESTAR, COM QUEM, A QUE PREÇO, COM QUE QUALIDADE DE VIDA E COM QUAIS RESULTADOS SAUDÁVEIS E EDIFICANTES PARA A SUA VIDA E A DE SUA FAMÍLIA.

Portanto, quando for negociar com o seu filho a troca de um passeio ou de uma atividade por outra, procure dialogar e lembrá-lo dos sonhos dele. Esse é um argumento forte que certamente será de grande valia diante da expectativa dos pequenos.

Leve-o a perceber as vantagens de fazer um passeio ou realizar uma brincadeira que proporcionará o convívio e uma maior aproximação entre os membros da família. Mostre que, além de gastar menos, vocês vão se divertir muito mais e ainda estarão poupando para que os desejos da família se concretizem mais rapidamente.

É importante apresentar as vantagens financeiras de quem escolhe um estilo de vida em que a simplicidade prevaleça, deixando claro que a verdadeira felicidade está na realização dos sonhos – não só os materiais, mas também os não materiais.

Com o tempo, a criança vai internalizando a ideia de que existem os ganhos diretos e os indiretos em cada escolha que fizer, e que é preciso sabedoria para discernir entre o que realmente tem valor e o que não passa de ilusão, ou seja, aquilo que é apenas objeto de consumo.

Existem outras escolhas que a criança pode começar a fazer a partir do momento que entende a importância da convivência em família e em sociedade e vê despertar nela o sentido da coletividade. **"SONHOS SOCIAIS"** são pouco trabalhados em casa pelos pais. Estou falando de atividades como visitar ONGs, organizações que acolhem animais abandonados, instituições beneficentes que cuidam de crianças (jovens há menos tempo) e adultos de mais idade (jovens há mais tempo) – sempre lembrando que essas visitas devem ser feitas com o acompanhamento de um adulto responsável.

Quero abrir um parêntese nesse ponto da leitura para explicar as expressões usadas no parágrafo anterior, que talvez você não tenha entendido. Um dos conceitos que criei e que emprego em minha vida é o de que não existe "velho", "idoso", "terceira idade", "melhor idade", mas, sim, pessoas que têm muito ainda a contribuir, pois possuem a sabedoria de quem tem maior experiência e tempo de vida. E elas merecem todo o nosso respeito e admiração.

Cabe a nós dar a devida atenção ao que os "mais velhos" têm a nos ensinar, porque, geralmente, eles são verdadeiros conselheiros. Por isso, gosto de usar as expressões **"JOVENS HÁ MENOS TEMPO"** para as crianças e **"JOVENS HÁ MAIS TEMPO"** para as pessoas de mais idade.

Para finalizar esta última mesada, o contato da criança com outras realidades faz com que ela crie consciência da importância de economizar e também do valor que o dinheiro pode ter ao proporcionar e viabilizar espaços de apoio, integração social e projetos voltados ao bem-estar coletivo.

A mesada social engloba todos esses valores, mas tem como princípio passar à criança um conceito fundamental que é o da socialização entre as pessoas que a realizam.

OS SETE PECADOS CAPITAIS NA IMPLEMENTAÇÃO DA MESADA

FUJA DAS ARMADILHAS

COMO VIMOS, IMPLEMENTAR A MESADA PARA OS FILHOS REQUER BEM MAIS DO QUE O MERO ATO DE ESTIPULAR UMA QUANTIA A SER DADA EM PERÍODOS PREVIAMENTE DEFINIDOS. COMO TODA AÇÃO RESPONSÁVEL DE LONGO ALCANCE, A ADOÇÃO DA MESADA, SEJA ELA QUAL FOR, DEMANDA **PLANEJAMENTO, DISCIPLINA, PERSEVERANÇA E UMA BOA DOSE DE "JOGO DE CINTURA"** PARA LIDAR COM EVENTUAIS OBSTÁCULOS QUE NATURALMENTE FAZEM PARTE DO CAMINHO.

A seguir, relaciono e analiso sete situações típicas que costumam ocorrer durante a implementação da mesada na rotina do seu filho.

1. DESEQUILÍBRIO

A criança não deve guardar todo o seu dinheiro para os sonhos. Ela precisa separar **50% DE SUA MESADA** para o consumo cotidiano e se dar o direito de comprar algo que deseja – sem excessos. Por incrível que pareça, a disciplina rígida que alguns pais impõem dentro de casa pode acabar transformando seus filhos em crianças obsessivas com o dinheiro e, consequentemente, em futuras pessoas avarentas.

2. VIOLAÇÃO

Os pais não podem, de forma alguma, usar o dinheiro que a criança vem guardando para seus sonhos como empréstimo. Essa recomendação pode parecer absurda, mas existem muitos casos, no âmbito familiar, em que **OS PAIS OU RESPONSÁVEIS MEXEM NO COFRINHO DO FILHO** ou retira algum valor da caderneta de poupança da criança para o pagamento de uma conta da casa ou mesmo para uso particular. Atenção, papai e mamãe! O dinheiro da criança é sagrado e não deve ser violado – da mesma forma como o seu salário ou renda mensal.

3. RUPTURA

Outro erro muito comum é percebermos que a criança vem juntando dinheiro para realizar um sonho como, por exemplo, comprar uma bicicleta. Seu esforço será recompensado no final do processo, quando o dinheiro estiver em suas mãos. No entanto, há casos em que os pais, por pena dos filhos, acabam indo à loja e comprando a bicicleta ou o sonho para o qual a criança estava se planejando para realizar.

Em resumo, **NUNCA ATRAVESSE AS ETAPAS** de esforço e crescimento de seu filho. Jamais compre o objeto de sonho dele antes que a criança consiga juntar o dinheiro para conquistá-lo. Isso fará com que ele registre na mente, para o resto da vida, a ideia de que não precisa lutar para conquistar as coisas que deseja.

4. PERMISSÃO

APRENDA A DIZER NÃO e tenha a certeza de que isso, muitas vezes, é para o bem da criança. Durante a implementação da mesada, você vai se deparar, em algum momento, com a seguinte situação: a criança vai gastar todo o dinheiro antes de o mês terminar e, naturalmente, vai lhe pedir um trocado aqui e outro ali, sempre com a justificativa de que precisa lanchar, tirar um xerox ou fazer outra coisa qualquer. Se você ceder, ela vai incorporar esse hábito como algo cotidiano. E toda vez que receber a mesada, vai gastar o dinheiro logo na primeira semana, com a certeza de que, no fim das contas, os pais ou responsáveis vão lhe dar mais uns trocados até terminar o mês.

Nesse caso, não aceito o argumento dos pais de que não podem deixar a criança sem dinheiro. Infelizmente, há filhos que só aprendem algumas lições a duras penas, vivenciando as consequências de seus atos.

5. DESMEDIDA

A mesada não pode ser usada **NEM COMO PRÊMIO, NEM COMO CASTIGO**. Essa é uma regra fundamental da mesada. Há pais que, por impulso, decidem dar um castigo ao filho e simplesmente determinam que naquele período não haverá a entrega do valor combinado mensalmente. Isso vai contra todos os conceitos da educação financeira. O dinheiro não pode virar algo que castigue ou premie a criança. A mesada deve ser respeitada e jamais pode virar uma moeda de troca ou **"BARGANHA"** entre pais e filhos.

6. REMUNERAÇÃO

A **MESADA NÃO É SALÁRIO**. Salários são pagos para quem trabalha e criança não pode e não deve trabalhar. Esse é um dos conceitos que nunca é demais reforçar, para que as coisas fiquem realmente claras. **SALÁRIO É SALÁRIO, E MESADA É MESADA!**

7. SONEGAÇÃO

Os adultos devem ensinar as suas crianças, desde cedo, que tudo que compramos deve vir com nota fiscal, desde um chocolate até uma bicicleta. Há casos de pais que, na frente dos filhos, negociam uma compra abrindo mão da nota fiscal. Muitas vezes, isso é feito com o intuito de ganhar um desconto. Na cabeça da criança, isso vai parecer uma prática correta, pois o pai ou a mãe economizou uns tostões e é isso o que importa.

Resulta que essa criança pode se transformar em um adulto propenso a fazer uso recorrente do chamado "jeitinho brasileiro", pelo qual, como dizia o slogan de uma antiga propaganda de TV, "o importante é levar vantagem em tudo". Nada mais nocivo para a criança, para a família e para a sociedade.

Portanto, **NÃO DÊ O EXEMPLO ERRADO** para os seus filhos. Toda criança deve exigir nota fiscal em qualquer situação de compra, seja de serviço ou de produto.

CONCLUSÃO

INTELIGÊNCIA FINANCEIRA

PARA QUEM PENSAVA QUE MESADA É COISA APENAS PARA CRIANÇA, AGORA JÁ SABE O QUANTO PODE SE BENEFICIAR DOS **8 TIPOS DE MESADA** QUE ESTE LIVRO APRESENTOU.

Acredito que, com essas informações, você poderá fazer um uso melhor e mais racional dos recursos provenientes dos seus esforços e trabalhos. Poderá proporcionar à sua família a oportunidade de fazer escolhas conscientes e sustentáveis, objetivando a realização de sonhos, desejos e projetos.

Recomendo que comece a praticar os 8 tipos de mesada com seu filho, para que ele possa crescer e desenvolver o que costumo chamar de **"INTELIGÊNCIA FINANCEIRA"**. Essa inteligência é a herança mais valiosa que você poderá deixar para ele, pois a educação é um patrimônio muito mais poderoso do que qualquer outro bem material.

Cada tipo de mesada aqui proposto visa não só ao ganho em dinheiro, mas, principalmente, a uma conscientização de nossos hábitos de vida. Vimos, por exemplo, que a prática da mesada pode servir de estímulo para que a criança aprenda a preservar os recursos naturais, a se preocupar com as questões ambientais, a socializar-se no ambiente escolar, a prezar pelo bom convívio familiar, além de semear em seu coração sentimentos de humanidade, simplicidade, compaixão, alteridade e gentileza.

Além de plantar essa semente na consciência das crianças, você perceberá que, com esses ensinamentos, é possível também fazer uma transformação em vários aspectos da sua vida.

Não importa quantos anos você tem. Se esse livro chegou às suas mãos, pode ser que não seja somente para lhe ajudar a educar seu filho financeiramente, mas também para educar a si próprio. Digo isso porque a inteligência financeira deve ser passada de pai para filho. Você precisa praticá-la para que os pequenos observem seus atos, as coisas que diz e a maneira como organiza sua vida.

Quando os filhos reconhecerem a luz da inteligência financeira brilhando em nós na forma de atitudes, eles são capazes de despertar para um sonho maior que qualquer outro, aquele que vem da alma da criança no momento em que ela pensa: **"QUANDO CRESCER, QUERO SER IGUAL AOS MEUS PAIS"**.

Os conceitos dos 8 tipos de mesada que vivenciei ao longo da minha vida, e que compartilhei com você neste livro, trarão grande contribuição para sua família.

Mais do que a implementação da mesada, esses ensinamentos contribuirão de forma decisiva na reconstrução dos hábitos e dos costumes que vão gerar o comportamento adequado para que sua família se eduque financeiramente, conduzindo a todos à realização de seus sonhos.

A partir desse momento, convido você e sua família a praticar os ensinamentos e até mesmo a ensinar outras pessoas a fazê-lo, a fim de contribuir com nossa sociedade, tornando-se, assim, também, um missionário da educação financeira em nosso país por meio da **Metodologia DSOP**.

Chegamos ao final da nossa conversa e quero aqui expressar minha gratidão por ter tido a possibilidade e a oportunidade de dialogar com você. Sei que você pode não ter concordado com tudo o que escrevi – e isso é natural e saudável em um diálogo maduro e honesto –, mas de uma coisa tenho certeza: se consegui passar pelo menos um de meus ensinamentos a você, já me sentirei gratificado, pois, como costumo dizer em minhas apresentações: "Não sei tudo, mas o pouco que sei quero sempre compartilhar com alguém".

"MAIS APRENDE QUEM TEM O DOM DE ENSINAR".

Reinaldo Domingos

REINALDO DOMINGOS

Reinaldo Domingos é PhD pela *Florida Christian University* com teses sobre Educação Financeira e Educação Empreendedora embasadas na **Metodologia DSOP**. Educador e terapeuta financeiro, é autor do *long-seller Terapia Financeira* e dos livros *Livre-se das Dívidas; Eu Mereço ter Dinheiro; Papo Empreendedor; Sabedoria Financeira; O Mistério da Praça Diamante; A Menina do Rio e Diário dos Sonhos;* além de uma série em parceria com Mauricio de Sousa (4 volumes) – *Turma da Mônica e Nico em: Como Cães e Gatos; Turma da Mônica e Nico em: Visita à Fazendinha; Turma da Mônica Jovem e Nico em: Sem Sonhos; e Turma da Mônica Jovem e Nico em: O sumiço do Cebola.* É autor, também, das séries *O Menino do Dinheiro* (6 volumes) e *O Menino e o Dinheiro (3 volumes);* e dos livros *O Menino do Dinheiro em Cordel; Ter Dinheiro não tem Segredo; Coleção Dinheiro Sem Segredo (12 volumes); ABCD da Educação Financeira; Apostilas – Educação Financeira para Jovens Aprendizes; Curso DSOP de Educação Financeira e Educação Financeira para Empreendedores; e Apontamentos de Despesas.* É autor de 2 Coleções Didáticas de Educação Financeira (15 volumes aluno e 15 volumes do professor cada). É também autor da recém-lançada *Coleção dos Sonhos para Educação Financeira,* que contempla quatro livros para o Ensino Infantil; seis livros para o Ensino Fundamental 1 (para o primeiro ano há uma versão para a criança alfabetizada e outra para a criança que está em fase de alfabetização); e quatro livros para o Ensino Fundamental 2, além de um livro do professor para cada ano. Essas coleções são acompanhadas por um kit para a Família (Caderno da Família e Risque e Rabisque da Família). Seu mais novo lançamento é o livro *Empreender Vitorioso com Sonhos e Lucro em Primeiro Lugar.*

Em 2008, criou o primeiro programa de educação financeira para empresas, o primeiro curso de Formação de Educadores Financeiros e idealizou a primeira Coleção Didática de Educação Financeira para o Ensino Básico do país, já adotada por diversas escolas, privadas e públicas. Em 2009, criou o primeiro curso de pós-graduação em Educação Financeira – **Metodologia DSOP**. Em 2012, criou o primeiro programa de Educação Financeira para jovens aprendizes e, em 2013, ampliou para educação de jovens e adultos (EJA). Em 2014, criou o primeiro curso de Educação Financeira para empreendedores. No mesmo ano, iniciou o curso de pós-graduação EAD em Educação Financeira – **Metodologia DSOP**.

Em 2016, criou mais 3 especialidades de pós-graduação (Neurociência para Docentes, Terapia Financeira e Empreender com Lucro em 1º Lugar). Em 2017, iniciou a formação de Terapeutas Financeiros e idealizou a primeira turma de Mestrado em Educação Financeira. Em 2018, iniciou a formação de Empreendedores Educacionais, além da primeira turma de Doutorado em Educação Financeira.

Bacharel em Ciências Contábeis, pós-graduado em Análise de Sistemas, mestre (com a tese sobre o livro *Mesada não é só Dinheiro*), doutor (com a tese sobre a *Coleção dos Sonhos*) em Ciência de Administração e Negócios e pós-doutorado (com tese sobre o livro *Empreender Vitorioso com Sonhos e Lucro em Primeiro Lugar*), Reinaldo fundou a Confirp Consultoria Contábil e foi governador do Rotary International Distrito 4610, na gestão 2009-2010. Atualmente é presidente do Grupo DSOP. É idealizador, fundador e presidente da Abefin – Associação Brasileira de Educadores Financeiros. Idealizou, também, o primeiro curso de pós-graduação em Educação Financeira (presencial e EAD) no Brasil e o primeiro programa de mestrado e doutorado em Educação Financeira no Mundo. Reinaldo é mentor da Metodologia DSOP, que embasa todos os programas de educação financeira e, em seu canal no Youtube, *Dinheiro à Vista*, fala, semanalmente, sobre educação financeira.

OUTRAS OBRAS DO AUTOR

- Terapia Financeira – Realize seus sonhos com Educação Financeira
- Empreender Vitorioso com Sonhos e Lucro em primeiro lugar
- Livre-se das Dívidas – Como equilibrar as contas e sair da inadimplência
- Eu Mereço ter Dinheiro – Como ser feliz para sempre na vida financeira
- Papo Empreendedor – Uma reflexão essencial para chegar ao topo e ter sustentabilidade nos negócios
- Sabedoria Financeira – O milagre da multiplicação de seus recursos
- O Menino e o Dinheiro
- O Menino, o Dinheiro e os Três Cofrinhos
- O Menino, o Dinheiro e a Formigarra
- O Menino do Dinheiro – Sonhos de Família
- O Menino do Dinheiro – Vai à Escola
- O Menino do Dinheiro – Ação entre Amigos
- O Menino do Dinheiro – Num Mundo Sustentável
- O Menino do Dinheiro – Pequeno Cidadão
- O Menino do Dinheiro – Tempo de Mudanças
- O Menino do Dinheiro em Cordel
- A Menina do Rio
- O Mistério da Praça Diamante
- Turma da Mônica e Nico em: Como Cães e Gatos
- Turma da Mônica e Nico em: Visita à Fazendinha
- Turma da Mônica Jovem e Nico em: Sem Sonhos
- Turma da Mônica Jovem e Nico em: O sumiço do Cebola
- Ter Dinheiro não tem Segredo
- Coleção DSOP de Educação Financeira para o Ensino Básico: Ensino Infantil, Fundamental I e II e Médio
- Coleção dos Sonhos para Educação Financeira para o Ensino Básico: Ensino Infantil e Fundamental I e II
- Coleção Dinheiro sem Segredo
- Programa DSOP de Educação Financeira para Escolas de Educação Básica
- Programa DSOP de Educação Financeira para Jovens Aprendizes
- Programa DSOP de Educação Financeira de Jovens e Adultos (EJA)
- Programa DSOP de Educação Financeira nas Cooperativas
- Programa DSOP de Educação Financeira nas Empresas
- Programa DSOP de Educação Financeira nas Universidades
- ABCD da Educação Financeira
- Apontamento de Despesas
- Apontamento de Despesas do Empreendedor

GRUPO DSOP

Disseminar o conceito de Educação Financeira, contribuindo para a criação de uma nova geração de pessoas independentes financeiramente. A partir desse objetivo principal, foi criada, em 2008, a DSOP Educação Financeira. Já com o *slogan* "Mais que livros, sonhos!", em 2010, foi criada a Editora DSOP, que sintetiza sua razão de ser e o foco da sua atuação no mercado editorial brasileiro. Juntas, elas formam o Grupo DSOP, presidida pelo professor, educador e terapeuta financeiro, Reinaldo Domingos.

A DSOP Educação Financeira oferece uma série de produtos e serviços sob medida para pessoas, empresas e instituições de ensino interessadas em ampliar e consolidar o conhecimento sobre o tema. São cursos, seminários, ***workshops***, palestras, formação de educadores financeiros, capacitação de professores, pós-graduação em Educação e *Coaching* Financeiro, licenciamento da marca DSOP por meio da Rede de Educadores DSOP e Franquia DSOP. É, também, mantenedora da Abefin (Associação Brasileira de Educadores Financeiros).

A Editora DSOP é referência em Educação Financeira e atua também nos segmentos de autoconhecimento e desenvolvimento pessoal, literatura de ficção nacional e estrangeira. O catálogo de literatura infantil, em especial, privilegia excelentes títulos que oferecem às crianças elementos que contribuem para o desenvolvimento do gosto pela leitura e pela fantasia, tão essenciais para a organização harmoniosa de sua vida nos aspectos psíquico e social.

Entre as obras didáticas e de não ficção, destaca-se a primeira Coleção de Educação Financeira para o Ensino Básico do País, com livros que contemplam todos os ciclos de ensino. Esse material já foi adotado por centenas de escolas públicas e privadas do Brasil, em que o tema finanças é parte do currículo escolar.

Todo o conteúdo de Educação Financeira desenvolvido pela Editora DSOP segue as diretrizes da **Metodologia DSOP**, concebida a partir de uma abordagem comportamental em relação ao tema finanças. A DSOP Educação Financeira e a Editora DSOP são certificadas pelo ISO – 9001.

PRESIDENTE Reinaldo Domingos
COORDENADORAS EDITORIAIS Christine Baptista e Renata de Sá
CAPA Diego Rodri
ORIENTAÇÃO PEDAGÓGICA Ana Rosa Vilches
REVISÃO Patrícia Dourado
FOTOGRAFIA Caroline Moraes
IMPRESSÃO Santa Marta

Av. Paulista, 726 | Cj. 1210 | 12º andar
Bela Vista | CEP 01310-910 | São Paulo - SP
Tel.: 11 3177.7800
www.editoradsop.com.br

Dados Internacionais de Catalogação na Publicação (CIP)
(Câmara Brasileira do Livro, SP, Brasil)

Domingos, Reinaldo
Mesada não é só dinheiro : conheça os 8 tipos e construa um novo futuro / Reinaldo Domingos. -- 1. ed. -- São Paulo : Editora DSOP, 2015.

ISBN 978-85-8276-138-0

1. Crianças e adolescentes - Educação
2. Dinheiro - Administração 3. Finanças pessoais
4. Mesada para crianças e adolescentes I. Título.

15-05006 CDD-332.024054

Índices para catálogo sistemático:
1. Crianças e adolescentes : Mesada : Educação financeira : Economia 332.024054

dsop